아이를 학대하는 사회, 존중하는 사회

아이를 학대하는 사회, 존중하는 사회

초판 1쇄 인쇄 2022년 9월 26일 초판 1쇄 발행 2022년 10월 1일
글쓴이 이성경 외 펴낸이 현병호 편집 장희숙 펴낸곳 도서출판 민들레
출판등록 1998년 8월 28일 제10-1632호 주소 서울시 성북구 동소문로 47-15
전화 02) 322-1603 이메일 mindlebook@gmail.com 홈페이지 www.mindle.org
ISBN 979-11-91621-12-9 (03330)

민들레 선집 **13**

아동학대를 멈추고 인권 감수성을 높이는 길을 찾아 ——

편집실 엮음

아이를 학대하는 사회,
존중하는 사회

아동학대의 사회적 배경과 실태를 들여다보면서
아이들이 한 인격으로 존중받으며 성장할 수 있는 사회를 모색한다.

민들레

우리 곁의 어린 시민들

2022년은 소파 방정환 선생이 어린이날을 제정한 지 100주년 되는 해입니다. 1920년 '어린이'라는 명칭을 만들고 다양한 문화운동으로 그들의 목소리에 힘을 싣기 전까지, 이 사회의 어린 사람들은 의견을 무시당하고, 노동을 착취당하고, 심지어 역사적 희생양이 필요할 때 목숨을 잃기도 하는 변방의 존재들이었습니다. 강고한 어른 중심의 세계에 어린이들의 자리를 불러온 것은 매우 급진적인 혁명이라 할 수 있습니다.

그리고 100여 년이 지난 오늘날, 이 사회에서 그들의 자리는 어디쯤인지 짚어봅니다. 어리다는 이유로 '무차별적으로 차별

받던' 그 시절과 비교하면 크게 나아진 듯하지만 아직 갈 길이 멉니다. 종종 뉴스에 등장하는 아동학대 범죄를 보며 사람들은 분노하지만, 스스로 내 곁에 있는 어린 존재들을 어떻게 대하고 있는지 섬세하게 돌아보았으면 합니다. 대부분의 어른들이 '나는 아니야'라고 생각할 테지만 가만히 들여다보면 우리 안에는 어린 존재를 만만하게 보고 억누르려는 무의식적 욕구가 있는 듯합니다. 누구에게 더 쉽게 화풀이를 하고, 더 쉽게 반말을 하고, 더 쉽게 함부로 하는지를 살펴보면 금세 알 수 있지요.

물론 육아도 교육도 쉬운 일이 아닙니다. 인간의 성장 과정은 무척 지난합니다. 한 개체가 자라는 데 이렇게 긴 시간 공을 들여야 하는 생명이 또 있을까요. 아동학대로 인해 한 해 30여 명의 아이들이 사망에 이르고, 그 중 영유아 비율이 60%가 넘는다는 통계는 어린 존재를 돌보는 일이 쉽지 않은 현실을 말해줍니다. 아동학대 사건에 분노하는 데 그치지 않고, 양육자의 몫으로 떠넘겨지는 어려움을 사회가 어떻게 나누어 질지를 고민해야 할 때가 아닌가 싶습니다.

모든 어린이는 시간이 지나 자연스레 어른이 되는 듯하지만, 아이들 입장에서 (몸도 마음도) 건강하게 자라려면 만만찮은 노력이 필요합니다. 어른들 성에는 안 차지만 아이들은 나름 손톱만큼이라도 자라려고 날마다 용을 쓰고 있습니다. 울고, 떼쓰고, 어른들 말에 반항하고, 실수를 반복하는 그 자체가 조금씩 자기 삶을 책임지는 법을 배우며 어른이 되어가는 과정이지요. 무언가가 되어야 하는 존재가 아니라 오늘을 함께 살아가는 '어린 시민'으로 그들을 존중하며 따스하게 바라보는 시선이 필요합니다.

그간 격월간 『민들레』에 실렸던 글을 모아 아이들을 둘러싼 우리의 현실을 다각도로 살펴보는 선집을 엮어냅니다. 아동학대와 아동인권의 실상을 좀 더 면밀히 들여다보는 동시에 편리한 디지털 문명이 소환한 아동인권 보호의 새로운 과제도 살펴봅니다.

이 책이 독자들에게 '(지금 곁에 있는 어린 존재에게) 나는 좋은 어른일까?' 하는 질문을 던질 수 있으면 좋겠습니다. 우리 사회의 약자들에 대한 인권 감수성을 높이고, 아동학대를 멈추는 길, 어린이들이 더 행복해질 수 있는 길을 찾는 데 작은 도움이 되었으면 합니다. 모든 어린이는 나중에 어른이 되어서가 아니라 바로 지금, 한 인격체로 존중받으며 자기 삶을 살 기회를 누릴 수 있어야 합니다. 지금 행복한 어린이가, 자라서도 행복한 어른이 되니까요.

2022년 9월

장희숙

1부
지금 우리 아이들은

신고가 학대를
예방할 수 있을까

"아빠가 때렸어요."

"선생님, 혹시 지연이(가명) 목 뒤에 상처 보셨어요?"

교실에 아무도 없는데도 돌봄 선생님은 입술을 조그맣게 움직이며 낮은 목소리로 말했다.

"신발 신으려고 고개 숙이는데 목 뒤에 손톱자국이 있더라고요. 지연이는 강아지한테 긁힌 거라고 하는데, 잘 지켜봐야 할 것 같아요."

부추 _ 초등학교 교사. 어린이들과 스스로 서서 더불어 살아가는 방법을 배워가는 중이다.

처음 1학년 담임을 맡고, 여덟 살 어린이들에게 적응하느라 정신이 없던 시기였다. 목 뒤 상처에까지 눈이 닿을 여유가 없었다. 다음 날 지연이가 학교에 도착했을 때, 우연히 발견한 것처럼 지연이 목 뒤를 살폈다.

"어? 지연아, 여기 상처가 있네. 누구랑 싸웠어?"

"아니요. 그냥 넘어져서 그랬어요."

평소처럼 이야기하는 지연이의 목소리가 귀 뒤로 넘어가다가 탁 걸렸다. 강아지한테 긁혔다던 돌봄 선생님의 말과 다르다. 아무리 봐도 넘어져서 생길 만한 상처는 아니다. 지연이는 학교와 집만 왔다 갔다 한다. 학교에서는 넘어진 일도, 친구와 치고받으며 싸운 일도 없었다. 그렇다면 집에서 생긴 상처가 분명했다. 지연이는 할머니, 아버지랑 살고 있다. 강아지가 낸 상처가 아니라면, 손톱자국을 만들 사람은 어른들뿐이다.

거기까지 생각이 미치자, 혹시나 하는 생각에 심장이 쿵쿵거렸다. 아동학대 예방 연수에서 들은 내용을 기억나는 대로 다 떠올려봤다. 의심만 되어도 신고하라지만 그러기엔 상처가 미미했다. 상처만 보고 바로 아동학대 신고를 했다가 민원에 시달려 고생했다는 동료 교사의 말이 생각났다. 진짜 강아지가 발톱으로 긁은 것일 수도 있다. 무엇보다 지연이의 표정이 뭐 이런 걸 심각하게 묻느냐는 듯 심드렁했다. '그래, 괜히 긁어 부스럼 만들지 말고 앞으로 잘 살펴보자.'

며칠 뒤, 교실로 들어선 지연이를 보고 바닥에 주저앉을 뻔했다. 오른쪽 뺨이 전체적으로 빨개져 있었고 귓바퀴에는 퍼렇고 거뭇한 멍이 보였다. 이건 누가 봐도 맞은 거다. 지연이를 조용한 곳으로 데리고 갔다.

"지연아, 귀가 왜 그런 거야?"

"강아지가 그랬어요."

"긁힌 자국이 아닌 것 같은데."

"아, 아니다. 넘어져서 그랬나?"

지연이는 표정 하나 변하지 않고 평소처럼 명랑한 목소리로 말했다. 통통한 볼을 한껏 올리며 웃어 보이기까지 했다.

"지연아, 선생님 봐봐. 선생님이 지연이 좋아하는 거 알지? 선생님은 무조건 지연이 편이야. 선생님은 지연이가 행복하길 바라고, 그렇게 되도록 도와주고 싶어. 솔직하게 말해줘야 선생님이 도와줄 수 있어. 혹시 아빠가 때렸니?"

잠자코 듣고 있던 지연이 얼굴이 금세 붉게 변했다. 언제 그렇게 가득 모아두고 있었는지 눈물을 주룩주룩 흘리며 말했다.

"네, 아빠가 때렸어요."

상처를 보자마자 짐작했음에도, 지연이의 입으로 그 말을 듣는 순간 내 심장도 퍼렇게 멍이 드는 것 같았다. 그 말을 직접 내뱉은 지연이는 오죽했을까. 미어지는 가슴을 붙잡으며 겨우 입을 뗐다.

"그랬구나. 아빠가 평소에도 때리니? 지난번 목 뒤에 긁힌 것도 아빠가 그런 거야?"

"네, 화나면 때려요. 근데 많이는 아니에요."

"지연아, 그때 선생님한테 왜 솔직하게 말 못 했어? 선생님이 안 믿음직스러웠어?"

"아니요. 그게 아니라, 선생님이 알면 속상할까봐 말 안 했어요. 창피하기도 하고요."

그 뒤로는 내가 지연이에게 무슨 말을 했는지 정확히 기억이 나지 않는다. 말을 내뱉을수록 처음 상처를 발견했을 때 좀 더 채근해서 물어볼 걸 하는 후회가 겹겹이 쌓였던 느낌만 남아 있다. 무거운 마음으로 112에 전화를 걸었다.

"저, 아동학대를 신고하려고 합니다."

운에 기댄 아동학대 신고

신고 전화를 받고 출동한 경찰들을 학교 근처에서 만났다. 누가 오고 가는지 다 보일 정도로 작은 학교라 다른 사람들 눈에 띄지 않게 조심했다. 봉고차 안에 사복 차림의 경찰관 네 명이 있었다. 봉고차에 타니 괜스레 긴장이 됐다. 지연이 상처들을 사진으로 보여주고, 사전에 지연이에게 동의를 받아 녹음한 내용을 전달했다. 나는 이게 얼마나 심각한 상황인지, 엄중하게 말하려고 애썼다. 말을 고르느라 한껏 신경 쓴 탓에 손바닥은 땀범벅이 되어 있었다.

반면 내 말을 듣고 있던 경찰관은 점점 표정이 편안해졌다. 아이가 크게 다쳐서 병원에 갈 정도가 아니라는 사실을 재차 확인한 뒤였다. 내가 처음 전화로 신고했을 때와는 다르게 천천히 힘을 빼고 말하기 시작했다.

"사진도 찍고 녹음도 해주셨지만, 저희가 지연이를 직접 만나서 조사해야 합니다."

나는 지연이를 다시 불러야 했다.

"지연아, 너를 도와주려고 경찰 아저씨가 오셨는데 지연이랑 만나서 이야기하고 싶대. 괜찮을까?"

지연이는 담담하게 고개를 끄덕였다. 사복 경찰은 지연이에게 사건 경위를 물었다. 지연이는 벌써 내게 두 번이나 했던 이야기를 경찰에게도 반복했다.

"아저씨가 어떻게 해줬으면 좋겠어? 아빠 혼내줄까?"

"네. 다시 못 때리게 했으면 좋겠어요."

"아빠랑 계속 같이 살고 싶어? 아니면 떨어져도 괜찮아?"

"같이 살고 싶어요. 안 때리기만 하면 돼요."

지연이는 또 울음을 터트렸다. 지연이에게 아빠는 기댈 수 있는 유일한 어른이다. 아무리 나쁜 짓을 했다고 해도 아이들은 부모에게 무한한 용서를 베푼다. 아직은 보호자가 필요한 나이이기 때문이기도 하다. 자신의 처지를 지연이가 모를 리 없다. 아버지와 계속 살 건지를 물어보면 당연히 그러겠다고 할 수밖에 없다.

"상처가 심각하지 않고 아이도 아빠랑 떨어지고 싶지 않아 하니까, 당장 격리를 하지는 않을 거예요. 아버지에게 연락해서 신고 접수된 내용을 전달하고 조사받도록 조치하겠습니다. 곧 아동보호기관에서도 나올 거예요."

면담을 마친 경찰관의 말에 나는 한없이 무력해졌다. 지연이는 자신을 때린 아버지가 있는 집으로 돌아가야 했다. 지연이가 또 맞지 않을까 걱정이 되었지만 내가 할 수 있는 일은 없었다. 내 마음대로 지연이의 거취를 정할 수는 없는 노릇이었다. 그저 무사히 학교에 나오기만을 바라며 지연이가 하교버스에 오르는 모습을 지켜봤다.

퇴근 무렵, 지연이 아버지의 욕설 섞인 항의 전화를 받았다. 지연이는 학교 말고는 가는 곳이 없으므로, 아동학대 신고가 들어왔다면 담임교사를 의심하는 게 당연했다. 아동학대 신고는 철저히 비밀이 보장된다고 하지만, 지연이처럼 일과가 단순한 경우는 신고자의 범위가 좁혀질 수밖에 없다. 지연이 아버지가 당장 교실로 찾아오는 건 아닐까 두렵기까지 했다. 최악의 상황까지 가정해가며 어떻게 대처하면 좋을지 생각하느라 거의 뜬 눈으로 밤을 지샜다.

다음 날, 지연이는 다친 곳 없이 학교에 나왔다. 아버지가 학교에 찾아오는 일도 없었다. 나는 지연이가 무사하기를 순전히 운에 기댔고, 운이 좋았다. 정말 다행이었다. 다행이라는 말을 수없이 반복했다.

아동학대 신고 이후의 일상까지도

"또 누가 왔어요?"

지연이가 볼멘소리로 묻는다. 이번엔 아동보호기관에서 조사를 나왔다. 지연이는 나와 경찰에게 했던 이야기를 또다시 반복했다. 지연이는 더는 울지 않았다. 며칠 뒤, 경찰서에서 연락이 왔다. 지연이가 경찰서에 나와서 조사를 받아야 한다고 했다. 보호자가 데리고 올 수 없는 상황이니 담임교사가 동행해 달라는 요구였다. 이 상황이 도저히 납득이 되지 않았다. 이틀 동안 몇 번이나 불려 다녔는데 이젠 경찰서까지 나오라니, 지연이는 어떨까. 선생님한테 말한 걸 후회하지는 않을까.

"지연아, 어른들이 묻는 거에 대답해주느라 힘들었지?"

"네, 조금요. 그런데 괜찮아요."

"아빠랑 있는 건 어때?"

"안 때려요."

"선생님한테 말한 거 잘한 것 같아?"

"… 모르겠어요."

"아빠 혼내줬으면 좋겠다고 했잖아. 지금도 같은 생각이야?"

"음… 모르겠어요."

나는 더 캐묻지 않았다. 아동학대 신고 후, 지연이는 여기저기 불려 다니며 같은 말을 반복했다. 관계자들은 모두 어떤 일이 있었던 건지, 아빠를 어떻게 해주었으면 좋겠는지만 물었다. 필요한 정보를 얻기 위한 질문뿐이었다. 어른들에게 시달린 지연이에게 내가 해줄 수 있는 건, 더 이상 묻지 않는 것이었다. 상처가 아물 수 있게 덮어주고, 이전과 다름없이 친구들과 놀 수 있게 해주는 것이었다. 나는 지연이에게 경찰서 이야기를 꺼내지 않았다.

지연이가 경찰서에 출석하지 않아도 아동학대 신고 이후 절차는 계속되었다. 지연이 아버지는 보호관찰 처분을 받았고, 아동보호기관에서 주기적으로 지연이네 집을 방문했다. '다행히도' 지연이는 전처럼 씩씩하게 지냈다. 이 상황을 자신의 힘으로 이겨내고 있었다.

아동학대 신고를 하고 나서 가장 힘들었던 일은 조마조마한 마음으로 지연이를 지켜보는 것이었다. 보호자가 가해자일 때, 상처가 위중하거나 아동의 동의가 있어야만 보호자와 분리가 된다는 사실은 나 같은 의무신고자들에게 무력감을 준다. 내가 신고한다고 해서 상황이 나아지지 않는다는 생각 때문이다. 오히려 가해자의 화를 돋워 아이를 더 위험하게 만들 수도 있다.

이런 현실에서 아동학대 의무신고제가 아동학대를 '예방'할 수 있을지 회의감이 든다. 아동학대처벌법에서는 의료인, 교사, 시설종사자 및 공무원 등 아동학대 범죄 인지 가능성이 높은 직군을 신고의무자로 분류하고 있다. 신고의무자는 직무를 수행하면서 아동학대 범죄를 알게 되거나 의심이 가는 경우 즉시 신고를 해야 한다. 정당한 사유 없이 신고하지 않으면 500만 원 이하의 과태료가 부과된다. 또한 신고의무자는 매해 아동학대 예방교육을 받아야 한다. 학대 유형과 의심 징후, 신고 방법, 신고의무자의 중요성 등을 인지하고 있어야 신고를 제대로 할 수 있기 때문이다. 나는 아동학대 예방교육을 받기도 하고 학생들에게 직접 교육을 하기도 하지만, 아동학대를 직접 신고하면서 내가 하는 일이 '예방'이 될 수 없음을 깨달았다. 예방교육이라는 이름으로 내가 배우고 가르치는 것 모두 학대가 일어난 후를 다루고 있었다.

그해, 교사로서 자존감이 한없이 낮아졌다. 벌써 몇 년이 지나 지연이는 내 품을 떠난 지 오래지만, 사회를 뒤흔드는 아동학대 사건을 접할 때마다 지연이 생각이 난다. 그때 겪었던 내 감정의 파장들은 지워지지 않는다. 왜 이렇게 바뀌는 게 없을까. 왜 우리는 늘 미안하다고만 말해야 하는가. 아동학대 방지 대책을 촉구하는 국민청원에 서명하기를 여러 번, 드디어 변화의 소식이 들려왔다. 위급상황이 아니더라도 학대 발생시 피해 아동을 분리 보호할 수 있는 '학대 피해 아동 즉각분리제'가 2021년 3월 30일부터 시행됐다.

마냥 기뻐할 수만은 없었다. 아동보호시설에 아이들이 너무 많다, 위탁가정을 찾기 힘들다는 뉴스를 보니 한숨이 나왔다. 7인 미만의 아동만 받아 가정처럼 운영하는 학대 피해아동 쉼터도 마찬가지 상황이다. 대기 인원이 많은 지역 쉼터에서는 일정 기간 머문 아동을 멀리 떨어진 지역으로 보내기도 한다. 낯선 곳을 전전하게 된 아이가 학대 상처를 치유할 수 있을지 의문이다. 안정적인 환경에서 정서적 지원을 듬뿍 받아야 할 아이들에게 형식적인 즉각분리제가 답이 될 수 있을까.

'모르겠다'는 말이 절로 나왔다. 아, 여기저기 불려 다니다 끝내는 "모르겠어요" 하던, 그때 지연이의 마음이 이랬겠구나. 아빠가 때리는 건 싫지만 아빠와 같이 살고 싶은 마음, 아빠를 혼내주었으면 좋겠지만 아빠가 행복했으면 하는 마음이 오갔을 것이다. 모르겠다는 말에는 혼란스러움 속에 하나를 택하기 어려웠던, 무게감이 실려 있다. 아동학대 현실 앞에서, 우리는 지연이가 겪은 삶의 무게감에 비해 너무 쉬운 선택을 하려는 건 아닐까.

(vol. 135, 2021. 5-6)

어린이집 아동학대 논란, 그럼에도 불구하고

어린이집을 선택할 수밖에 없었던 이유

"뉴스에서 어린이집 원장이 애들 때리는 거 봤어? 어휴, 우리 아파트 1층 어린이집도 놀이터 나올 때 보면 교사들이 그렇게 소리를 지르더라."

"어린이집을 좀 늦게 보낼까 싶어. 유독 내가 사는 지역에 어린이집 학대 사건이 많아서 좀 걱정되더라고."

심심치 않게 터지는 어린이집 학대 뉴스를 볼 때면 양가 부모

형미 _ 여섯 살, 일곱 살 연년생 자매를 키우며 좌충우돌하고 있다. 워킹맘으로 살아가는 이야기를 엮어 『육아휴직은 끝났습니다만』이라는 독립출판물을 펴냈다.

님이며 주변 엄마들은 한마디씩 우려의 말을 던졌다. 애써 신경 쓰지 않으려 해도 들려오는 걱정스러운 이야기에 마음이 복잡해지곤 했다. 첫째는 만 18개월, 둘째는 만 2개월에 어린이집을 등원했기 때문이다. 내가 순진하게 어린이집 선생님을 너무 믿는 걸까? 정말 아이를 위험한 곳으로 떠민 걸까?

어린이집 학대를 보도한 인터넷 기사 댓글을 보면 더 그런 마음이 들었다. 열에 하나는 꼭 아이를 어린이집에 맡긴 부모, 그중에서도 엄마에게 비난의 화살을 던졌다.

"엄마들이 자기 편하자고 그 어린 걸 맡겨서 이 사달이 나는 거다."

"제 자식도 스스로 못 키울 거면 왜 낳은 거야?"

그런 뾰족한 말들은 자주 상처가 되었다. 아이를 어린이집에 보낸 것 만으로 나는 죄를 지은 걸까.

둘째를 임신했을 때, 직원이 스무 명도 안되는 작은 회사에서 육아휴직을 쓴 사람은 내가 처음이었다. 아이 둘을 키우는 과장님은 제왕절개 후 일주일 만에 링거를 꽂은 채 출근했었다고 자랑스럽게 이야기했다. 내가 처음 세운 휴직 계획은 일 년이었지만 휴직 서류 내는 날이 다가올수록 눈치가 보여 점점 기간을 줄였다. 9개월, 6개월…. 그마저도 출산휴가를 포함한 기간이라 복직 후 아이를 봐줄 사람이 절실했다.

양가 부모님 모두 갓 백일 된 아기 돌보는 일을 부담스러워하셨다. 베이비시터는 비용이 너무 많이 들었고, 정부 지원 도우미는 일 년 이상 기다려야 한다는 답을 받았다. 결국, 첫째가 다니고 있던 영아 전담 어린이집이 둘째와 내가 기댈 수 있는 유일한 곳이었다.

그렇게 12월에 태어난 둘째는 이듬해 3월에 바로 어린이집 생활을 시작했다. 혼자 앉지도 못하는 아이를 데리고 가서 한 시간씩 전담 선생님의 얼굴을 익히면서 둘째의 등원이 시작되었다. 어린이집을 다니며 생전 처음 들어보는 피부병에 걸리기도 했고, 만성 설사로 한동안 고생하기도 했지만 적어도 선생님들의 학대를 의심한 적은 없었다. 어린이집 아동학대 뉴스가 줄줄이 나오던 시기라 오히려 나보다 선생님이 더 철저했기 때문이다. 뺨의 흉터, 다리에 난 상처 등을 어린이집에서 발견하면 선생님은 즉시 사진을 찍어 보내왔다. 일과 중 선생님이 보내주는 사진 속 아이는 항상 웃고 있었다. 나에게는 선생님을 의심하기보다 믿을 이유가 더 많았다. 그러나 뉴스나 인터넷에 떠도는 글들은 때때로 내게 걱정과 죄책감을 가지라고 엄포를 놓았다.

아동학대는 주로 어디서 벌어질까

어린이집에서 아이의 몸이 날아갈 정도로 세게 때리거나, 토한 음식을 다시 먹게 했다는 자극적인 기사들을 보며 사람들에게 '어린이집은 아동학대가 빈번히 일어나는 곳'이라는 인식이 각인되는 듯하다. 정말 그럴까. 통계에 따르면 아동학대 중 76.9%는 부모에 의해 발생한다. 15.9%가 대리양육자에 의한 학대인데, 그중 어린이집 교사는 3.3%, 유치원 교사는 0.8%의 비율을 차지한다(2018년 보건복지부 자료 기준).

육아를 하다 보면 울컥하는 일이 많은 게 사실이다. 말이 통하지 않는 아기와 단둘이 있다 보면 사회와 단절될 수밖에 없고, 울며 떼쓰는 아이의 소통 방식에 금방 지치기 마련이니까. 그 와중에도 양육자에겐 '차분하고 일관성 있는 양육방식을 고수해야 하는' 부담이 지워진다. 향후 아이에게 생길 정서 문제가 모두 양육자의 책임이라는 불확실한 이유로. 울며 매달리는 아기를 떼어낼 수 없어 화장실 문을 활짝 열고 볼일을 볼 때면 '사람으로서의 존엄'마저 무너지는 느낌이 든다. 잠을 못 자고, 고립된 채 스트레스가 쌓여 신경이 예민해지면 어느 순간 이성의 끈이 뚝 하고 끊어진다.

생각해보면 나도 그래서 무리하게 복직을 선택했던 것 같다. 내 경력과 안정적인 수입이 아깝기도 했지만 이 결정에는 한 인간을 온전히 책임지고 키워내는 일에 대한 부담도 어느 정도 작용했음을 부정할 수 없다. 등에 센서가 달렸는지 내려놓기만 하면 우는 아이를 재우기 위해 한 시간 동안 똑같은 자세로 안고 있자면 고단하다기보단 갑갑해 미칠 것 같았다. 당장 아이를 내려놓고 뛰쳐나가 바깥 공기를 쐬고 싶었다.

다른 이들도 사정이 비슷했다. 독박육아를 하던 지인은 목소리를 낮추며 "이런 말 하면 안 되지만 너무 안 자고 밤새 우니까 애를 던지고 싶은 충동이 들더라" "나는 어린이집에서 애들 학대하는 거 조금은 이해해. 내 아이니까 참는 거지, 남의 애라면 못 참았을 거야" 같은 말을 하기도 했다. 사람을 극한으로 몰고 가는 육아 스트레스를 경험하지 않았다면 상상조차 하지 못했을 말이다.

예전처럼 가족이나 이웃에 도움을 요청하기도 쉽지 않은 오늘날 혼자 아기를 돌보는 일은 체력과 감정을 모두 소진하는 일이다. 단절된 가정에서 쌓인 스트레스는 가장 약자인 아이에게 흘러가기 쉽다. 훈육을 빌미로 볼을 꼬집거나 엉덩짝을 때리다가 점점 심해져 심각한 체벌이 되거나, 잠깐 분리를 한다는 것이 방임으로 변질될 수도 있다.

그렇기에 오히려 어린이집이 중요하다. 부모의 양육 부담을 조금이나마 덜어줄 수 있는 가장 확실한 대안이니까 말이다. 그런 곳을 막연하게 비난만 하는 기사는 다른 대안이 없는 부모에게 불안감을 심어주는 역효과만 낸다. 이제는 어린이집 아동학대 사건이 발생했을 때, 언론이 자극적인 기사만 남발하기보다 이후 재발을 방지하는 대책을 진지하게 다뤄주었으면 좋겠다. 아동학대에 관한 교사 교육이나 모니터링 강화, 보육교사 인원

확충이나 급여 등 처우 개선 같은 방법을 고민하고 제도화한다면 어린이집 아동학대의 가능성을 줄일 수 있을 것이다.

육아로 고립된 양육자가 어렵지 않게 도움을 요청할 곳 또한 있어야 한다. 육아 문제뿐만 아니라 그 과정에서 생기는 양육자의 심리 및 건강 문제까지 터놓고 이야기하고 도움을 받을 수 있는 기관이 필요하다. 양육자 혼자 감당하지 않고 주변에 적절한 도움을 기대할 수 있다면, 힘든 상황에서 양육자의 행동이 적어도 극단으로 흐르지는 않을 것이다. 이제는 감정적인 비난보다 이성적으로 아동학대를 예방할 방법을 진지하게 고민해야 할 때가 아닌가 싶다.

아이들은 잘 크고 있습니다, 어린이집에서

아이가 어렸으나 복직을 선택할 수 있었던 또 하나의 이유는 아이가 어린이집에서 잘 지낼 수 있으리라는 '믿음'이 있었기 때문이다. 둘째보다 반년 정도 앞서 입학한 첫째를 지켜보며 내린 결론이었다. 아이들을 사랑과 책임감으로 돌보는 선생님의 모습을 보면서 아이를 맡기고 복직할 결심을 할 수 있었다.

하지만 복직은 처음부터 암초를 만났다. 한 시간이 넘게 걸리는 퇴근 시간 때문에 아이를 데리러 가는 게 자꾸 늦어져 매번 선생님께 사과를 해야 했다. 이를 지켜보던 원장선생님은 "시간

연장반이 있으면 괜찮을까요?" 하고 먼저 제안하셨고, 그렇게 신설된 반에서 아이들은 시간에 쫓기지 않고 저녁을 먹으며 엄마를 기다릴 수 있었다. 선생님의 배려가 아니었다면 아마 한 달도 버티기 어렵지 않았을까 싶다. 지금 생각해도 감사한 일이다.

아이가 네 살이 되어 어린이집을 졸업할 때, 선생님은 진심으로 아쉬워하셨다. 졸업 이후에도 종종 놀러가면 늘 미소로 반겨주신다. 원장선생님은 둘째를 워낙 어릴 때부터 돌봐서 손주 같다고 하셨다. 그렇게 사랑으로 돌봐주신 덕에 아이는 구김살 없이 성장할 수 있었다.

그럼에도 시부모님은 어린이집에 다녀온 후 상처나 멍은 없는지 아이들을 잘 살펴보라고 늘 신신당부하셨다. 아이에게 혹시 안 좋은 일이 있진 않았는지 유도 심문하는 것도 필수라고 하셨다. 난 그렇게 하지 않았다. 아이를 남의 손에 맡기며 모든 걱정을 내려놓을 수는 없지만, 적어도 내 아이를 봐주시는 분에 대한 신뢰와 감사의 태도는 지녀야 하지 않을까 싶어서다.

갑자기 마주한 연년생 육아의 초입에 그런 선생님의 도움을 받을 수 있었던 건 정말이지 큰 행운이었지만, 나에게만 주어진 특별한 행운은 아니었다는 생각이 든다. 친구의 아들 윤오는 어린이집에서 자신의 식판이 낡았다며 일과 내내 울다 선생님이 새 식판을 사다주셔서 미소를 되찾았다. 또 다른 지인의 딸 지혜는 어린이집 선생님을 너무너무 좋아한다고 삐뚤빼뚤한 글씨로 마음을 전하기도 했다. 쌍둥이가 동시에 구내염에 걸리자 집을 방문해 아이들을 간호해주신 선생님도 있었다. 현실에는 아동학대로 뉴스에 나오는 보육교사보다 좋은 선생님들이 압도적으로 많다. 아이를 학대하는 부모보다 사랑으로 기르는 부모들이 더 많은 것처럼.

아직도 메인 포털 뉴스에는 아동학대 기사가 적지 않게 올라오고 있다. 어떤 기사에 달렸던 댓글이 생각난다. '아이를 낳으라고 하지 말고 있는 아이들 먼저 지켜달라.' OECD 국가 중 3년 연속 최저 출생률이라는 현실을 바꾸려면 무엇이 필요한지 함께 생각해보았으면 좋겠다.

(vol. 135, 2021. 5-6)

학대 받은 아이들은 어디로 갈까

아동학대, 그 후

　최근 경남 창녕에 사는 9세 여아가 가정에서 학대를 당한 사건이 불거졌다. 학대 자체의 잔혹함도 할 말을 잃게 했지만, 아이 스스로 4층 베란다를 타고 옆집으로 넘어가 사람들에게 발견되기까지 속속 드러나는 과정은 많은 이들에게 충격을 안겼다. 이후 숱한 분석 기사에 이어 아동학대에 관한 정책과 법령까지 손을 대야 한다는 여론이 들끓었다. 아이를 돕겠다는 손길도 국

정은주 _ 공교육 교사를 그만두고 '사전의료의향서 실천모임'의 웰다잉 강사, 전국 입양가족연대 팀장으로 활동 중이다. 부모의 품을 떠난 아이들의 새로운 보금자리 이야기를 담은 책 『그렇게 가족이 된다』를 썼다.

내외에서 쏟아졌다.

참담한 마음으로 이 사건의 보도를 따라가다 또 다른 의문이 생겼다. 2년 전, 이와 유사한 사건이 인터넷의 한구석을 차지했던 적이 있었다. 창녕 소녀 사건과 거의 판박이였음에도 세간의 주목을 받지 못했는데, 당시 시민단체가 그 아이를 위해 모금을 하는 기사를 우연히 접했다.

두 살 무렵 가정이 해체되어 7년 동안 그룹홈[1]에 맡겨졌던 윤이(가명)가 본래 가정으로 돌아갔다가, 엄마와 외할머니에게 연이어 학대를 당해 한 달 만에 다시 그룹홈으로 돌아온 사연이었다. 정신질환을 앓고 있던 엄마는 병이 악화되자 윤이를 학대하기 시작했고, 외할머니에게 맡겨졌지만 분노 조절에 어려움을 겪던 외할머니마저 폭력을 휘둘렀다. 화를 참지 못한 외할머니가 윤이의 등에 끓는 물을 부어 심각한 화상을 입었고, 제때 치료를 받지 못한 채 그룹홈으로 온 윤이에게는 화상 전문치료가 필요한 상황이었다. 게다가 아이의 물건을 생모가 모두 없애버렸기 때문에 그룹홈으로 돌아올 때 윤이는 아무것도 없었다. 사단법인 '굿피플'에서는 옷과 생활용품을 구입하는 것도 빠듯하고 매달 70만 원에 달하는 치료비를 감당하기 어려운 탓에 모금을 하고자 아이의 사연을 인터넷에 올렸다.

---

[1] 가정위탁과 대규모 양육시설의 중간에 해당되는 아동보호 방식. 5~7명의 아동들을 가정과 같은 환경에서 안정적으로 돌보기 위한 복지시설이다.

불과 2년 전의 사건이라 하기에는 그 대응방식이 너무도 아득했다. 아동학대 사건이 불거질 때마다 온 나라가 들썩이던 것과 달리, 이 사건은 제대로 된 복지가 없는 허허벌판에 소수의 어른들과 당사자인 아이만 남은 형국이었다. 유사한 사건임에도 창녕의 학대 피해 어린이의 경우 극적으로 탈출하여 목숨을 구한 과정이 대대적으로 보도되었지만, 윤이 사건은 상내적으로 덜 충격적이어서인지 언론의 관심을 끌지 못했다. 그만큼 우리 사회가 아동학대에 대처하는 방식이 체계적이지 못하고 자극적인 보도와 선정성에 의존하고 있음을 보여준다.

그룹홈으로 옮겨간 윤이는 어떻게 되었을까? 윤이가 살고 있는 A그룹홈에 연락하여, 피학대 아동들과 함께하며 고군분투하는 운영자의 목소리를 들었다.

아동에게 최선이 되는 이익

한미나 원장은 2014년 지방 소도시에 그룹홈을 열어 현재 유아 세 명, 초등학생 두 명, 고등학생 두 명, 이렇게 일곱 명의 아이들과 함께 살고 있다. 유기 아동으로 성본 창설[2] 한 아이 한 명을 제외하곤 모두 부모의 아동학대를 피해서 온 아이들이었다.

---

2 출생신고가 안 되어 있고 부모가 누군지도 몰라 가족관계등록부(호적)가 없는 이들이 신분을 얻기 위해 새로 성씨를 만드는 것.

윤이 소식을 물었을 때 한원장은 말을 아꼈다. 그도 그럴 것이 윤이의 심리치료는 지지부진했고 국가의 책임 있는 지원은 기대하기 힘들었다. 치료비가 없는데다 국가 지원도 제한적이라 윤이에게 딱 맞는 심리치료를 찾기도 어려웠다. 연초에 바우처를 신청했지만 일반적인 청소년 정신건강 관련 검사였기에 기준에 해당되지 않아 현재 자부담으로 심리치료를 하고 있다. 사실상 공적으로는 무대책인 셈이었다. 윤이처럼 복합적인 학대를 받은 아이에게 알맞은 심리치료사를 지역사회에서 찾고자 해도 거리와 스케줄 탓에 결국 연결되지 못했다. 게다가 그룹홈으로 올 때 윤이의 구체적 정보는 운영자에게 전달되지 않았다. 모든 과정을 민간기관에서 담당했기 때문에 학대 이전 상황을 포함한 가족 상태 또한 알 수 없었다. 주양육자인 할머니는 범죄 전과가 있었고 생모는 정신질환으로 양육이 어려운 처지였음에도 아이의 귀가를 고집했으며, 7년 만에 가정으로 돌아간 윤이는 한 달 만에 처참한 모습으로 구조되었다는 사실만 알 수 있었을 뿐이다.

윤이에게 닥친 몇 차례의 전환점에 국가는 어떻게 개입했는가. 윤이의 원가정 복귀 여부를 결정할 때 어떤 기준을 적용했는가. 아동보호전문기관과 쉼터 등 피학대 아동이 집중적인 치료를 받아야 하는 기관에서 공적 지원 시스템은 어떻게 작동했는가. 아이가 그룹홈에 정착한 후 국가의 전담 지원 대책은 왜 없었는가. 모든 부분에 헛점투성이였다. 투표권도 발언권도 없는 아이들은, 선의를 가진 그룹홈 운영자와 후원자들의 온정에 기대어 살고 있었다. 국가의 존재는 학대 피해 아동에게 참으로 희미하고 멀게만 보였다.

사회적 돌봄이 필요한 아동이 생기면 전문가들은 '원가정 보호'를 우선으로 두고 아동에게 최선의 이익이 되는 정책을 시행해야 한다고 말한다. '아동 최선의 이익'이라는 개념은 유엔 아동권리협약 제3조 1항에서 비롯되었다. '공공 또는 민간 사회복지기관, 법원, 행정당국 또는 입법기관에 의하여 실시되는 아동에 관한 모든 조치에서 아동 최선의 이익이 최우선으로 고려되어야 한다'는 조항이 그것이다. 이와 같이 아동의 권리를 보장하는 인권 의식은 사회 전반에 걸쳐 진일보한 변화를 가져왔다. 아동을 부모의 소유물이 아닌 존재 자체로 존중하는 전환점이 된 것이다. 그러나 중대한 딜레마의 지점이 있음을 간과한 것도 사실이다.

영미법계에서는 아동의 자기결정권, 즉 '아동 최선의 이익' 원칙에 의거해 국가가 부모의 친권에 직접적으로 개입한다. 이런 경우 원가정을 보호하는 정책과 '아동에게 최선이 되는 이익'이 충돌하는 일이 생긴다. '원가정 보호'라는 복지 구호는 무조건 친권을 보호하고 원가정을 유지하자는 게 아님에도, 우리 사회의 경우 친권을 신성불가침의 영역으로 간주하는 부작용을 낳고 있다. 한편 '아동 최선의 이익'이라는 개념 역시 기계적으로 아동의 의견을 따르자는 것이 아니다.

경기대 범죄심리학과 이수정 교수는 이와 관련하여 매우 시사적인 말을 했다. '아동학대 사건을 다룰 때 우리나라는 유달리 아동의 의사를 많이 물어보는데, 외국의 경우는 학대의 심각성을 객관적으로 조사해 필요하다면 아동의 의사에 관계없이 일단 분리 명령을 내린다'는 것이다. 그는 '아동학대 사건의 본질은 가해자는 학대를 안 했다고 하고, 피해 아동도 학대를 안 받았다고 부인하는 것'이라고 덧붙였다. 한마디로 아동학대 사건의 경우 아동의 의사를 물어 결정하는 절차는 잘못됐다는 것이다.3 아동보호의 핵심을 짚는 말이다. 가해자가 부모일 경우 교육과 환경개선을 통해 원가정의 건강성을 찾아주는 것은 반드시 필요하지만 위기 아동에 초점을 두고 필요하다면 긴급분리를 하는 데 주저하면 안 된다. '아동 최선의 이익'을 위해서는 아이들이 처한 상황과 발달단계에 맞는 사회의 개입이 꼭 있어야 한다.

창녕 피해 어린이는 탈출 직후 '큰아빠' 집에 가고 싶다고 했다. 지난 2년 동안 자신을 돌봤던 위탁가정 부모를 가리키는 말이었다. 위탁 부모는 재위탁에 긍정적인 반응을 보인 것으로 전

---

3 YTN '인터뷰 투데이', 2020년 6월 12일자.

해졌다. 이 시점에 사회적 개입은 좀 더 복잡한 고민이 선행돼야 한다. 한미나 원장은 이 사안에 대해 위탁가정으로 돌아가는 것이 바람직하지 않을 것이라는 의견을 제시했다. 모든 것을 인지하는 나이에 다시 위탁가정에 가는 것이라 다른 모습을 보일 수 있다는 것이다. 아이의 생활 연령이 올라갔고 학대 행위를 체득했기에 문제행동으로 이어질 가능성도 고려해야 한다. 언론에서 너무 많이 다뤘고 수많은 이들이 집중하고 있어서 지역을 벗어나는 것을 고려하는 것도 필요하다고 했다. 원칙적으로는 본래 살던 지역사회에서 안정적으로 자라는 것이 가장 좋지만, 주변에 알려져 의도치 않게 부정적인 시선을 받을 가능성도 생각해야 한다는 것이다. 치료와 함께 일상을 영위하는 방식도 신중하게 검토해야 한다는 그의 의견은, 오랜 현장 경험을 바탕으로 한 것이었다.

그룹홈에서 자라는 아이들

한미나 원장은 한 아이로 인해 현재 법정 소송에 임하고 있다. 초등학교 3학년인 진이(가명)는 한원장이 이전 그룹홈에서 일할 때 처음 만나 A그룹홈으로 데려온, 자식과 같은 아이다. 진이는 부모를 모르고 살다가 최근 생모의 요청으로 3~4회 정도 만난 상태였다. 그러나 생모는 개인적인 일이 생기면 연락을 끊었다가 충동적으로 다시 연락하는 일을 반복하며 전혀 신뢰감을 주지 못했다. 생모에게 아이와 친해지고 안정되면 데려가는 것이 좋겠다고 호소했으나 통하지 않았다. 생모는 한원장의 법적 후견인 자격에 대한 종료신청을 했고 그 문제로 몇 달째 소송을 진행 중이다.

제삼자가 본다면 아이가 원가정으로 돌아가야 마땅한데 시설장이 무조건 막는 걸로 비칠 수 있을 것이다. 생모는 진이가 아기일 때 다른 자녀만 데리고 가출했고, 진이는 위독한 상태로 구조되어 그룹홈으로 왔다. 부모와 살아본 경험이 없는 아이를 준비 없이 데려가면 어떤 상황이 벌어질지 너무도 뻔하기에 한원장은 긴 법정 싸움을 마다하지 않고 있다.

한원장의 일상 속 고민은 오늘도 이어진다. 같이 생활하는 아이들에게 위협적인 행동을 하거나 일부러 자극하는 아이, 어떤 훈육에도 뉘우치지 않는 아이들과 문제를 풀어가는 일은 늘 어렵다. 문제행동을 개선하기 위해 어른의 인내가 가장 필요한데, 대처 방법은 교과서적인 것부터 시작해서 어떤 것이든 다 동원한다. 도벽이나 기물파손 등의 행동을 보일 때 용돈을 차감하거나 청소 등 집안일을 하게 하고, 행동이 개선되면 용돈을 정기적으로 얼마씩 더 주면서 계속 채워주는 방법도 쓴다.

시간이 지나면 좋아지는 아이도 있지만, 정말 깜깜인 아이도 있다. 그는 그룹홈에서 자립하여 나간 한 아이의 사연을 들려주었다. 기물파손과 욕설 등 폭력적인 행동이 이어지다가 결국 다른 아이들까지 위험한 상황이 오자 한원장은 아이를 제압하고 경찰에 신고했다. 그러나 경찰이 왔을 때 아이는 오히려 원장이 폭력을 행사했다고 증언했다. 경찰은 아이를 데리고 들어가 따로 조사했다. 이런 경우 경찰은 어른이 거짓말을 하거나 진실을 감출 거라는 전제 하에 아동의 말을 우선적으로 신뢰한다. 한원장은 아이의 행동이 너무나 위험했고 진정이 안 되어 제압할 수밖에 없었다고 증언하면서 경찰에게 반문했다. "제가 아이에게 공손히 얘기해야 했습니까?" 그는 아이의 폭력으로 자신이 다친 부위를 사진 찍어 경찰에 제출해야 했다. 이럴 때마다 한원장은 시설에 대한 불신과 부정적인 시선이 팽배함을 느낀다고 했다. 그의 말을 들으며 아동학대 현장의 최전선에 고립된 전사를 보는 느낌이 들어 가슴이 먹먹했다.

누가 이 아이들과 함께할 것인가

그룹홈에 입소하기 전 학대받은 경험 유무에 대한 통계에 따르면, 2014년 학대를 경험한 아동이 37%인 데 반해 2017년은 68%로 비약적으로 늘었다.[4] 아동학대에 대한 국민의식이 높아

---

4 「아동 공동생활가정 실태조사 발표 및 발전 방향」, (사)한국아동청소년그룹홈협의회, 2018

진 것도 원인이지만 원가정이 결코 안전지대가 아니라는 냉정한 현실을 보여준다. 2018년 연간 아동학대 사례 24,604건 중 학대 피해 발생 직후 원가정에서 분리조치됐거나 원가정에서 일단 머물다가 분리조치된 아이들은 3,287명(13.4%)에 불과하다.[5] 겉만 번지르르한 원가정 보호 정책이 아이들을 위험으로 내몰고 있는 것이다.

한미나 원장은 앞으로 급증할 피학대 아동들이 시설로 오면 얼마나 적응할 수 있을지 깊은 우려를 표했다. 그룹홈으로 오기 전 아동보호전문기관의 조사는 학대 사항에 초점을 둔다. 학대의 심각도, 재발 우려, 위협의 정도 등을 제외하고는 아동에 대해 꼭 알아야 할 정보가 파편화된다. 이를 민간기관에 떠넘기지 않고 국가가 법률적으로 표준지침을 응당 마련해야 함에도 지연되는 이유는 무엇인지 궁금하다.

피학대 아동의 치유에서 가장 강조되는 것은 심리치료와 생활 관찰이다. 그중에서도 그룹홈은 일상을 영위하도록 지원하는 데 초점을 둔다. 심리상담을 통해 아픔을 드러내고 치유하는 것도 중요하나 전문상담만이 정답은 아니다. 굳이 심리치료가 필요치 않거나 기다려주어야 할 아동에게도 행정적으로 판단하여 상담을 하는 경우가 있다. 그룹홈의 초점은 일상의 힘을 하루

---

5 보건복지부와 현 아동권리보장원의 전신인 중앙아동보호전문기관의 '2018 아동학대 주요 통계'

하루 쌓아가는 것이다. 한원장은 현장 전문가로서 진정성이 담긴 말을 전했다. "정서도 만져줘야 하지만 일상을 더 크게 어루만져야 합니다."

한원장은 만 18세가 된 아이가 시설을 퇴소하고 원가정으로 복귀하면서 발생하는 부정적인 현실도 많이 목격했다. 성년이 되도록 아이를 시설에 맡겼다는 것은 경제 상황, 관계, 건강 문제에 있어 자녀가 오히려 부모를 부양해야 할 개연성이 높다는 것을 뜻한다. 아이가 자신의 꿈을 포기하고 생계를 위해 하루벌이를 나가는 일이 숱하고, 더 통탄할 상황은 자녀의 자립 정착금을 다 쓰고 난 후 부모가 사라지는 일이다. 전문가들이 '원가정 보호'라는 구호에 의존하여 탁상공론을 일삼는 동안 피해 아동들을 데리고 분투하는 현장의 목소리는 묻히고 있다.

한원장은 그룹홈에서 보호 중인 6세 남아를 입양할 준비를 하고 있다. 생후 석 달간 인큐베이터에 있으면서 장애를 갖게 되어 현재 재활 치료를 받고 있는 아이다. A그룹홈은 여아들만을 위한 곳이라 이 아이는 내년이면 다른 곳으로 떠나야 한다. 그러나 입양을 위한 첫 상담에서 그는 우려 섞인 얘기를 들었다. 한원장이 독신자 입양에 해당된다고 말하자 돌아온 답은 부정적이었다. 독신자 입양 제도는 있지만 법원 판결에서 기각되는 경우가 많다는 것이다. 독신자 입양을 기각시키는 이유는 한부모 가정을 바라보는 보수적인 시각 탓이다. 독신이었다가 결혼하면 파양이나 학대 같은 일이 벌어질 수 있다는 것이다.

독신자 입양에 대한 편견의 시선은 이른바 '정상가족'만을 인정하는 후진적 사회 인식을 보여준다. 한원장의 사례는 누구보다 아이의 입장에서 세세하게 들여다보는 판결이 필요함을 말해준다. 법을 만든 이와 집행하는 이의 견해가 합의되지 않은 상태에서 정책이 이뤄진다면 '아동에게 최선이 되는 이익'이라는 개념과 정면으로 충돌하는 상황이 생길 것이다.

지금껏 원가정 우선 정책을 무작정 따르다가 수많은 아이들이 희생되었다. 아동복지법 제4조 3항은 '아동을 가정에서 분리하여 보호할 경우에는 신속히 가정으로 복귀할 수 있도록 지원하여야 한다'고 말한다. 이 조항을 근거로, 원가정을 회복시키는 어떤 구체적 정책도 없이 단순 복귀를 원칙으로 삼는다면 학대받은 아이들을 보호하는 시스템은 제구실을 못하고 악순환에 빠질 것이다. 아이들과 함께하는 현장의 목소리에 귀 기울여야할 때다. 한미나 원장이 사회에 던지는 메시지는 일상 속의 약자에 대한 사랑을 담보로 하는 조용한 시위이다.

(vol. 130, 2020. 7-8)

친권과 아동인권

친권, 헌법 위의 권리?

최근 아동학대 관련 뉴스가 꼬리를 물고 이어진다. 이는 그만큼 사회적 관심이 높아졌다는 반증이기도 할 것이다. 맞는 아이들을 보고도 무심코 지나치던 사람들이 이제는 학대의 시각으로 보게 되었고, 신고하는 이들도 늘어났다. 하지만 코로나 팬데믹으로 학교가 문을 닫고 아이들이 집에서 더 오랜 시간을 보내게 되면서 학대당하는 아이들이 늘어나고, 교사나 다른 외부인

현병호 _『민들레』 발행인. 지은 책으로는 『스스로 서서 서로를 살리는 교육』『반지성주의보』『재난의 시대, 교육의 방향을 다시 묻다』(공저) 등이 있다. 『지구에서 마지막까지 살아남은 사람』『소통하는 신체』(공역)를 우리말로 옮겼다.

이 이를 발견할 가능성은 줄어들었다.

아동학대는 대부분 친부모에 의해 이루어진다.[1] 언론은 계부모나 양부모의 학대를 더 부각하는 경향이 있지만, 이는 오히려 문제의 본질을 흐린다. 입양가정에서 학대가 일어나면 정부는 입양가정을 전수조사하는 식의 호들갑을 떠는데, 이런 대응은 입양아 권리 보호에도 해가 되기 십상이다. 계부모에 의한 학대 사건이 일어났다고 재혼가정을 전수조사하지는 않는다.

부모와 자녀 관계는 비대칭적이다. 물리적으로나 심리적으로 부모에게 의지할 수밖에 없는 아이들에게 부모는 사실상 절대적인 권력자나 다름없다. 이런 부모의 권력을 사회는 '친권'이라는 이름으로 보장한다. 친권親權의 '친'은 부자유친父子有親의 그 '친'이다. 외가, 친가라는 말이 있듯이 친권은 아버지 쪽 권리라는 인상을 심어준다(때문에 '친권'이라는 명칭을 다른 명칭으로 바꿀 필요가 있다는 주장에 힘이 실리고 있다).

1958년 민법이 제정 공포되었을 당시 친권은 오로지 아버지의 권리였다. 부모가 이혼할 경우 친권자를 누구로 정할지 의견이 일치하지 않을 경우 무조건 아버지에게 친권이 주어졌고, 아버지가 재혼한 뒤 사망할 경우에는 어머니가 아닌 아버지의 현재 배우자에게 친권이 넘어갔다. 친권이 부모 공동의 권리로 변

---

1 2019년 통계에 의하면 가해자의 75.6%가 부모다. 그다음으로 학교(7.2%), 어린이집(4.4%), 친인척(4.2%) 순이다.

한 것은 30여 년의 세월이 흐른 뒤 1991년 민법 개정안이 통과되면서부터다.

현행 민법상 친권은 '부 또는 모가 미성년자인 자녀를 보호·교양하고 그 법률 행위를 대리하고 재산을 관리할 수 있는 권리와 의무'를 말한다.[2] 예전에는 자녀에 대한 소유권에 가까운 절대적 권리로 이해되었으나 오늘날에는 자녀를 보호 양육하는 의무에 더 무게를 둔다. 2005년 개정 민법은 '친권을 행사함에 있어서는 자의 복리를 우선적으로 고려하여야 한다'(제912조)고 규정함으로써 자녀의 복리가 친권 행사의 기준임을 명백히 했다. 하지만 제도는 여전히 부모 편을 들기 일쑤다.

개정 민법에 의하면 부모가 친권을 남용할 우려가 있는 경우, 자녀나 검사의 청구에 의해 2년의 범위에서 친권 정지를 선고할 수 있다. 개인적, 종교적 신념에 의한 치료 거부, 의무교육 거부 등 특정 사안에 대해서는 친권을 제한할 수 있고, 부모가 친권을 남용하거나 현저한 비행 또는 친권을 행사할 수 없는 중대한 사유가 있을 때는 자녀의 친족(8촌 이내 혈족, 4촌 이내의 인척, 배우자)이나 검사가 친권 상실을 청구할 수 있다.

하지만 2016년 아동학대 판결 18,700건 중 친권 상실·제한·정지가 선고된 경우는 100건밖에 되지 않는다. 학대를 일삼는

---

2 민법 안에서도 친권은 여러 의미로 쓰이고 있어 맥락을 고려해 해석해야 한다. 넓은 의미의 친권은 양육권도 포함한다.

부모들은 흔히 아동보호기관이나 국가의 개입을 막는 방패로 친권을 내세우기도 한다. 2011년 세간을 떠들썩하게 했던 울산 서현이 사건의 경우 학대 신고를 받고 아동보호기관에서 방문했을 때 친권자인 아이 아빠가 "내 아이고 내 교육 방식이니 개입하지 말라"고 해서, 당시 법으로는 어찌할 수 없어 결국 아이는 학대 끝에 사망에 이르렀다.

미국의 경우 아동학대 신고 시 부모가 교육, 재활 등을 통해 양육 능력이 있음을 입증해야 친권을 유지할 수 있는 데 반해 우리 사회는 친권에 대한 보호가 아동보호에 앞선다. 아동학대 신고를 받은 아동보호기관이 현관문을 따고 들어가면 가택 침입으로 고발당하기도 하고, 가출 청소년의 부모가 학대 가해자여도 아이를 데려가겠다고 하면 보호기관은 거부할 수 없었다 (2017년 2월부터 학대가 확인되면 아이를 친권자에게 인도하지 않을 수 있고, 2021년 3월부터는 부모 동의 없이도 아이를 분리할 수 있게 되었다).

친권이 권리이기 이전에 양육의 의무라지만, 정작 부모가 돌보지 못하는 아이를 실제로 돌보는 위탁가정 부모에게는 친권에 준하는 권한이 주어지지 않아, 긴급한 수술이 필요할 때 수술 동의서에 사인조차 할 수 없는 실정이다. 전학, 휴대폰 개통, 통장 개설 때도 친부모의 동의를 받아야 한다. 보건복지부가 2021년 1월 아동학대 대응 방안으로 '가해 부모의 친권 제한, 공공후견인 제도 도입안'을 내놨지만 아직은 검토 단계일 뿐이다. 위탁

부모 후견인 제도의 필요성이 제기된 지 10년이 지났음에도 아직도 제도 개선이 되지 않고 있다. 저출생을 걱정하기 전에, 태어난 아이들이 잘 자랄 수 있는 환경을 만드는 데 힘쓸 일이다.

절대적 친권의 배경

대부분의 사회에서 아동의 권리보다 부모의 권리가 우선하는 문화적 배경에는 종교의 뿌리가 깊이 뻗어 있다. 유교 문화권과 기독교 문화권은 아동을 바라보는 시각이 비슷하다. 근대 초기에 서구의 예수교 계통 학교들이 학생들에게 신앙과 엄격한 윤리 규범을 강요했듯이, 조선의 공립학교였던 향교는 제사를 지내고 윤리를 가르치는 데 주력했다. 사실상 각각의 문화권이 필요로 하는 (넓은 의미에서의) 사제 양성 기능을 교육기관이 한 셈이다.

기독교의 신은 야누스 같은 존재다. 석판에 열 가지 계명을 새겨주고서 그것을 제대로 따르는지 지켜보는 엄격한 아버지가 구약의 하나님이라면, 신약의 하나님은 자신의 아들을 보내 인간의 죄를 대신 짊어지도록 한 자애로운 아버지다. 다같이 '아버지 하나님'이라 불리지만 그 아버지의 모습은 판이하다. 기독교계의 보수와 진보는 구약과 신약의 아버지 중 어떤 아버지를 믿느냐에 따라 갈린다고도 볼 수 있다.

신과 인간의 관계는 부모와 자녀의 관계에서 복제되어 나타난다. 율법의 신 '야훼'는 심지어 자신을 따르는 아브라함에게 하나뿐인 아들을 제물로 바치라고 명령한다. 아브라함은 이 어처구니없는 명령에도 묵묵히 따름으로써 그 또한 자식의 생명까지 좌지우지하는 절대적 친권을 행사한다. 구약의 하나님을 믿는 이들에게 '순종'이 제1가치가 되는 것은 당연하다. 기독교는 신약에 의거해 성립한 종교이지만 권력을 가진 이들로서는 구약의 신을 섬기는 것이 유리하므로 사실상 로마가톨릭 때부터 기독교의 신은 아브라함의 하나님이었다.

신약은 하나님의 나라가 '기브앤테이크' 세계가 아니라고 말한다. '사랑의 하나님'은 사실 아버지보다는 어머니의 모습에 더 가깝다. 가톨릭이 '성모 마리아'라는 여성을 부각시킨 데는 아버지에게 부족한 자애로운 모습을 보완하려는 의도가 깔려 있을 것이다. 종교개혁 후 프로테스탄트가 엄격한 윤리성을 강조하면서 성모 마리아를 배척하게 된 것은 논리적인 귀결이다. 종교개혁도 아버지를 바꾸진 못했다.

프로테스탄트 윤리에 뿌리를 둔 미국의 복음주의 교회는 청교도의 지적 전통 대신 개척시대에 필요한 열정을 불어넣음으로써 미국인들을 사로잡았다. '성경 말고는 한 권의 책도 읽지 않는다'는 말을 자랑스럽게 외치고 다닌 부흥회 목사들은 사실상 미국 엔터테인먼트 사업의 원조라고 볼 수 있다. 오늘날 미국

복음주의 교회가 반지성적이고 보수적인 색채를 띠게 된 배경이기도 하다.[3]

이는 그대로 한국의 보수적 기독교로 이어진다. 미국 개척시대의 종교적 열정은 한국의 근대화 과정에서 그대로 재현되어 나타났다. 미국 복음주의 선교사들의 열성적인 전도 활동과 미국으로 유학 가서 복음주의 세례를 받고 돌아온 목사들의 열정이 이룬 역사다. 사실 한국사회의 정신적 토양인 유교의 엄격한 아버지상은 아브라함의 신과 닮은 점이 많다. 유교와 보수적 기독교의 친화성이 한국에서 기독교가 번성할 수 있는 토대가 되었을 것이다. 유교든 기독교든 이슬람교든 순종을 강조하는 문화는 아동학대가 일어나기 쉬운 토양을 제공한다.

미국 법률의 친권 우선주의 바탕에는 엄격한 아버지상에 대한 믿음이 있다. 미국 홈스쿨링 가정의 아동학대 실태를 연구한[4] 하버드대 엘리자베스 바톨렛 교수가 '친권 절대주의'라고 명명하는 문화의 배경에는 이러한 종교적 전통이 깔려 있어, 이는 쉽게 바뀌지 않을 것이다. 미국 사회에서 나타나고 있는 홈스쿨링

---

3 20세기 초에 활동한 빌리 선데이 목사는 밴드와 곡예 등 화려한 무대 퍼포먼스를 곁들인 설교로 수많은 미국인들을 '회심'시켰다. 그리고 그렇게 회심시킨 신자들에게 1인당 회심료 2달러씩을 걷어 들여 대부호가 되었다.(리처드 호프스태터, 유강은 옮김, 『미국의 반지성주의』, 교유서가, 168쪽)

4 Elizabeth Bartholet, 'Homeschooling: Parent Rights Absolutism vs. Child Rights to Education & Protection', Arizona Law Review. (arizonalawreview.org/pdf/62-1/62arizlrev1. pdf),『민들레』 134호, '미국의 홈스쿨링과 아동인권' 참조.

의 보수화는 충분히 예상되는 일이었다. 크리스마스 대신 '촘스키의 생일'을 축하하는 좌파 홈스쿨러들이 등장하는 영화 〈캡틴 판타스틱〉의 홈스쿨링 가정도 이 범주에서 벗어나지 않는다. 우파와 좌파의 몸통은 하나이기 때문이다. 그 신념이 어떤 것이든, 신념이 앞서는 교육 방식은 아동학대적 요소를 띠고 있기 마련이다.

아이들을 보호하려고 하기 전에

한국은 미국보다 더욱 친권 절대주의가 작용하는 사회다. 그중에서도 부권 절대주의에 가깝다. 이혼 후 아이 양육을 맡은 여성이 아이의 성을 바꾸려면 매우 까다로운 법적 절차를 거쳐야만 한다. 성폭력 가해자인 아버지를 고소할 수도 없었다. 1998년 영훈이 남매 사건5 이후 「가정폭력범죄 및 성폭력범죄에 대한 특례법」이 제정되면서 성폭력이나 학대를 당할 경우 예외적으로 직계존속을 고소할 수 있게 되었다.6 '교양을 위해 자녀를 체벌할 수 있다'는 징계권 규정이 삭제된 것은 민법 제정 후 63

---

5 친부와 계모에 의해 자행된 아동학대 사건. 5살짜리 서영훈 군이 심각한 영양실조 상태로 구조되고, 누나는 영양실조 상태로 암매장된 채 발견되었다.

6 형사소송법에는 '자기 또는 배우자의 직계존속을 고소하지 못한다'는 조항(제224조)이 아직도 건재하다. 출처: https://jeffreysays.tistory.com/162 [올 리뷰 블로그:티스토리]

넌이 지난 2021년 1월 8일이었다.(이로써 한국은 세계에서 62번째로 체벌금지 국가가 되었다.)

2014년 「아동학대 범죄의 처벌 등에 관한 특례법」이 제정되고 「아동복지법」을 개정하면서 가해자 처벌과 피해아동 보호 절차가 대폭 강화되었지만 법이 바뀐다고 문화가 하루아침에 달라지지는 않는다.[7] 2020년 10월 13일, 생후 16개월 된 정인이가 짧은 생을 마감하기 전까지 학대 정황을 알리는 신고가 세 차례나 있었음에도 아이의 죽음을 막지 못했다. 뒤늦게 정부는 학대 의심 신고가 2회 이상 있고 아이 몸에 멍이나 상흔이 발견될 경우 즉시 부모와 아이를 분리한다는 대책을 내놨지만, 일선에서는 현실적으로 어렵다는 목소리가 나온다. 부모가 학대가 아니라고 부인할 경우 즉각 격리가 쉽지 않다는 것이다.

자신이 아이를 학대하고 있다고 인지하면서 학대하는 부모는 거의 없을 것이다. 아이가 잘못해서 훈육하는 거라고 생각하거나 '양육권'을 '소유권'으로 혼동하여 자녀의 삶에 함부로 개입한다. 아이를 위한다는 명목으로 은밀하게 정신적으로 학대하는 경우에 본인은 물론 주위에서도 인지하기 힘들다. 세상살이가 힘들고 건강하지 못한 성인들이 많은 사회일수록 아이들의 삶도 힘들어지기 마련이다. 학대를 예방하는 궁극적인 길은

---

7 2014년부터 아동학대 신고 번호가 112로 통합되었는데 이를 알고 있는 시민들은 많지 않다.

사회를 건강하게 만드는 것이지만, 단기적으로는 대증요법적인 정책을 병행하는 것이 필요하다.

정인이 사건 이후 각 지자체에 아동학대 전담 공무원이 배치되어 그동안 아동보호전문기관이 담당해온 현장 조사와 학대 여부를 판단하는 업무를 맡게 되었다. 민간기관의 경우 강제 조사가 어려워 이를 공적 영역으로 가져온 것이다.

하지만 아동학대는 매우 복잡한 문제여서 전문 인력이 확충되지 않고서는 실효를 거두기 어렵다고 전문가들은 지적한다. 제도를 갖추는 일도 만만찮지만 문화가 바뀌려면 더욱 세심한 노력과 오랜 시일이 걸린다. 약자를 대하는 문화가 그 사회의 수준을 결정한다. 아이들의 인권을 보장하는 것은 장애인이나 성소수자 같은 사회적 약자의 권리를 보장하는 일과도 맥이 이어진다.

하지만 아이들을 보호 대상으로만 바라보는 시선 또한 위험하다. 아이들은 보호받아야 하지만, 보호의 관점은 언제든 과보호와 방치의 위험으로 빠질 수 있다. 절대적 친권주의는 절대적 보호주의와도 통한다. 아이들을 미숙한 존재로 보기보다 어른과 다른 특성을 지닌 온전한 인격체로 존중할 때 부모 자식 관계도 바로 서고, 아이들의 인권도 온전히 지켜질 수 있을 것이다.

(vol. 135, 2021. 5-6)

어린이를 존중한다는 것

"열 좀 재도 될까요?"

"엄마, 나 어린이 맞지?"

"아홉 살이니까 어린이 맞지. 갑자기 왜?"

"아까 엄마 없을 때, 어떤 어른이 나한테 오더니 계속 존댓말을 하잖아. 열 좀 재도 될까요? 하리보(젤리) 좋아하세요? 막 이러면서…. 나는 내가 어른이 되는 마법에 걸린 줄 알았어."

성평등활동지원센터에 일이 있어서 첫째와 동행했다가 돌아

이성경 _ 엄마페미니즘 '부너미' 대표. 성교육, 폭력예방통합교육, 성평등교육 강사로 활동한다. 『페미니스트도 결혼하나요?』 『당신의 섹스는 평등한가요?』 『N번방 이후, 교육을 말하다』를 함께 썼다.

오는 길이었다. 아이는 이해할 수 없는 일이 일어났다는 표정으로 참았던 말을 쏟아냈다. 엄마의 회의가 끝나기를 기다리면서 동화책을 보고 있었는데, 그때 말을 걸어온 센터 직원 J의 태도에 당황한 눈치다.

"내가 어른이 된 줄 알고 깜짝 놀라 그분이 가자마자 내 얼굴을 만져보고 거울을 봤어. 근데 내 눈에는 아직 어린이처럼 보이거든. 어른이 되는 마법에 걸린 것도 아닌데 왜 나한테 존댓말을 한 거야? 대답도 제대로 못했어. 하리보는 먹고 싶어서 고개만 끄덕였는데 아무리 생각해도 이상해. 내가 어른처럼 보였으면 하리보는 안 줬을 텐데…. 하리보를 주면서 존댓말이라니!"

자신이 어른이 된 줄 알고 놀라서 화장실로 뛰어가 거울을 확인한 아이는 그 상황에 대해 사뭇 진지했다. 처음에는 아이의 반응이 좀 의아했다. 어린이집이나 학교 선생님들도 존댓말을 사용하고, 집에서도 종종 아이들에게 존댓말을 쓰는데 새삼스럽게 왜 놀랐을까?

아이 말에 따르면 열 체크를 하는 상황에서 어른들은 보통 "열 재라" 하고 명령하거나 존댓말을 쓰더라도 "열 잴게요!" 한단다. "열 좀 재도 될까요?"라는 정중한 표현은 J에게 처음 들어본 거다. 요즘 어딜 가나 체온 측정은 기본이니까 간단한 말로 체온계를 들이댈 수도 있었을 텐데, J는 그렇게 하지 않았다. 어린이에게 상황을 충분히 설명하고 체온 측정을 해도 되는지 적극적으로 동의를 구했다. 형식적으로 존댓말을 사용한 것이 아니라 어린이가 불쾌하거나 불편하지 않도록 '조심스럽게' 살피며 말을 건넸다. 아이가 눈이 휘둥그레져서 자신이 어른이 되는 마법에 걸린 게 아닐까 호들갑을 떤 이유는 그동안 살면서 이런 환대, 친절, 존중을 경험한 적이 없었기 때문이다.

생각이나 글로는 어린이를 존중한다는 어른이 많다. 그런데 진심으로 어린이를 존중하는 '태도'를 보이는 사람이 얼마나 있을까? 돌아보니 나도 그러지 못했다. 평소 내가 아이들에게 쓰던 존댓말을 돌아봤다.

"밥 먹을 때 딴짓 하지 마세요!"

"핸드폰 그만 보세요!"

"장난감 정리하세요!"

반복되는 일상에 욱할 때, 가까스로 화를 참으며 분노 조절용 언어로 존댓말을 쓰고 있었다. "당장 핸드폰 꺼!"라고 소리치지 않았을 뿐 존댓말로 포장한 명령이고 통제였다. 어린이를 동등한 존재로 대해준 J의 존댓말과 질적으로 달랐다.

"엄마, 문구점 아저씨 진짜 이상해!"

J와의 만남은 짧았지만 이후 아이의 감각은 크게 달라졌다. 어른처럼 보여서 어른 대접을 받은 것이 아니라 어린이라는 존

재 자체로도 충분히 존중받을 수 있다는 경험이 신선한 충격이었던 모양이다. 아이는 그날의 기분 좋은 놀라움과 깨달음을 10컷 만화로 그렸다. 어린이들에게 존댓말 많이 해달라는 캠페인으로 마무리되는 만화다. 어른이 자신에게 반말 하는 것을 당연하게 여기며 진심 어린 존댓말을 어색하게 받아들였던 아이가 나이에 상관없이 상호 존중이 가능한 삶을 상상하고 있었다.

김소영의 『어린이라는 세계』(사계절, 2020)에는 어린이 겉옷 시중에 대한 이야기가 나온다. 어린이들이 좋은 대접을 받아 봐야 계속 좋은 대접을 받을 수 있다고 믿으면서 독서 교실에 오는 어린이들에게 저자는 정중하게 겉옷 시중을 든다. 어린이가 정중함을 관계의 기본적인 태도와 양식으로 여기길, 부당한 대접을 받았을 때는 '이상하다'고 느끼기를 바란다는 이야기다.

아이는 정중한 J를 만난 이후 '이상한' 어른에 대해 말하는 일이 잦아졌다.

"엄마, 문구점 아저씨 진짜 이상해. 엄마랑 같이 가면 엄청 친절한데 나 혼자 가면 말투가 달라져."

아이는 학교를 오가며 참새가 방앗간 못 지나가듯 문구점에 들른다. 무엇을 사겠다는 목적이 확실할 때도 있지만 새로 들어온 완구가 있는지 구경만 하기도 한다. 아이 말로는 어른이 같이 있으면 아무리 천천히 구경해도 뭐라 안 하고 기다려주는데, 어린이들만 있을 때는 빨리 고르라고 재촉하거나 질문에도 쌀쌀

맞게 대답한단다. 엄마가 없으면 말투, 표정, 눈빛 모두 달라서 기분이 상한다며 동행을 요구하는 아이를 보면서 한편으로는 안심이 되었다. 부당한 대우를 당연하게 여기지 않을 수 있는 감각이 생겼으니까. 아이가 무례한 어른을 당연하다고 여기지 않고, 이상함을 감지할 수 있게 되어 다행이다. 존중받아본 사람이 존중의 가치를 알고 더 잘 누릴 수 있다는 말을 믿는다.

어른들은 어린이들이 모를 거라고 생각한다. 어린애니까 무시하면서 막말하고, 반말하면서도 상대가 기분 상할 것은 걱정하지 않는다. 어른이 있을 때 하지 않을 이야기라면 어린이만 있을 때도 하지 않아야 옳지만 어린이에게 예의를 갖춰 동등한 인격체로 대하기란 어렵다.

J를 만난 이후, 어른들을 평가하는 아이만의 기준이 생겼다. 세상의 어른은 두 부류다. 어른이 옆에 없어도 따뜻하게 대해주는 어른과 다른 어른이 보고 있을 때만 친절한 어른. 나는 어린이들에게 어떤 어른일까? 우리 사회는 어린이를 어린이 자체로 충분히 존중하고 있을까?

"아이들 절대 안 됩니다!"

함께 사는 두 어린이는 카페를 좋아한다(나도 좋아한다). 코로나19 이후, 좁은 실내공간을 가급적 피하는 중이라 카페를 못간 지 오래되었다. 그러던 어느 주말, 남편이 강화도의 한 카페를 가자고 제안했다. 넓은 공장 부지를 카페로 만든 곳이라 야외 공간이 잘 정비되어 있어 아이들과 가도 괜찮겠다는 말에 큰 기대감을 갖고 강화도로 향했다. 입구로 들어서자 넓은 마당이 펼쳐지고, 여러 건물이 잘 꾸며져 있어서 볼거리가 많았다. 빈티지 느낌의 각종 가구, 그림, 소품을 구경하면서 시간 여행을 즐겼다. 오랜만에 카페에 놀러온 아이들도 신이 나서 여기저기 구경을 다녔다. 그러다 발견한 안내 표지판.

"여기서부터는 노키즈존입니다. 보호자분께 호소합니다. 아이들 절대 안 됩니다(빨간 글씨). 이 글을 보고도 무시하는 부모의 아이들 때문에 노키즈존이 존재합니다. 제발 부탁합니다. 아이들 절대 안 됩니다(빨간 글씨로 또 강조)."

아이 둘 키우는 동안 다양한 공간에서 '노키즈존' 안내를 봤지만 이렇게 모욕적인 안내는 처음이었다. 강조에 강조를 거듭하며 엄포를 놓는 태도라니. 어린이와 동행하는 일상에서는 식당도 카페도 자유롭게 다니지 못하기에 분명 출발 전에 이 카페가 '노키즈존'인지 검색했었다. 다양한 후기에 어린이들 사진이 있는 것을 확인하면서 의심 없이 출발했는데 이게 무슨 봉변이람. 아메리카노 한 잔에 7천 원이라는 것도 이해했다. 이 감성 충만한 공간을 운영하려면 관리비가 많이 들겠지 하면서. 그런데 이 접근금지 안내판은 도저히 이해가 되지 않았다.

"엄마, 뭐라고 써 있는 거야?"

해맑은 아이의 질문에 답할 수 없었다. 내 표정은 일그러졌고, 당장이라도 눈물이 흐를 것 같아 빠르게 발걸음을 돌렸다.

"어… 위험해서 어린이들은 들어가면 안 된다는 거야."

"어른들은 안 위험해?"

아이의 눈에도 이해가 가지 않으니 자꾸 묻는다. 어른들은 자유롭게 오가면서 사진도 찍고 구경도 하는 공간에 어린이들이 들어가지 못할 이유는 무엇일까? 의도를 최대한 좋은 쪽으로 해석해 어린이가 다칠까봐 출입금지를 했더라도 이건 아니다. 이 안내판에는 어린이에 대한 걱정과 관심이 조금도 보이지 않는다. 왜 어린이는 들어가면 안 되는지 아무 설명도 하지 않으면서 절대 들어오지 말라는 말만 반복하고 있다. 혹시 사고라도 나면 골치 아파지는 게 싫다는 강력한 거부가 읽힐 뿐이다.

아이와 함께라서 거절당하고, 아이와 함께라서 눈치 보며 움츠러드는 경험이 또 쌓였다. 아이는 무슨 생각을 했을까. 아무리 생각해봐도 사회 곳곳에서 어린이들이 마주하는 차별과 혐오의 장면은 정당하지 않다.

흔히 아이들을 잘 키워야 하는 주체로 양육자들이 호명되고, 문제가 터지면 모든 화살은 양육자에게 돌아간다. 부당하다. 어린이를 온전한 어른으로 키우는 책임은 이 사회구성원 모두에게 있다. 어린이들에게 친절과 존중을 보여준 적 없으면서 어린이들이 따뜻한 어른이 되어 건강한 시민의 역할을 하길 기대한다는 것은 욕심이 아닌가.

문득 J를 떠올려본다. 어린이의 눈높이를 맞춰 말할 줄 아는 J가 이 카페의 운영자가 된다면 어떤 변화가 생길까? J가 어린이에게 보여준 모습은 아이를 키우며 상처받는 순간마다 큰 위로가 된다. 어린이를 동등한 시민으로 존중한다는 것은 "열 좀 재도 될까요?" 하는 사소한 말 한마디로도 가능하다. 설사 그곳이 아이들이 못 들어갈 공간이라도, 흉물스러운 경고문 대신 다정한 문장으로 이해시키려는 노력이면 충분하다. 우리 사회에서 더 많은 J를 만나고 싶다.

(vol. 135, 2021. 5-6)

말에 담긴 청소년 인권

어린 사람들의 비애

어린 사람이라면 존중받지 못하는 언어를 들은 경우가 있을 것이다. 꼭 언어가 아니더라도 말투나 태도에서 존중받지 못한 경험은 대한민국에서 살아온 청소년이라면 누구나 있을 것 같다. 청소년 단체에서 활동을 하고 있는 나 같은 경우 제일 많이 듣는 말은 "공부나 할 나이에 왜 그런 걸?"이다. 집회나 활동을 간다고 하면 부모나 교사들이 꼭 하는 말이다. 일단 지금은 공부하고 그

백호영 _ '청소년인권운동연대 지음'을 비롯해 여러 청소년 인권·환경 단체와 비청소년 단체에서 활동하고 있다.

런 건 나중에 커서 해도 된다고.

'청소년인권운동연대 지음'[1]은 청소년 인권 보장을 위한 다양한 활동을 하고 있다. 나중에 어른이 되어서가 아니라 바로 지금 청소년 인권을 보장받기 위해 활동한다. 지음의 슬로건은 '우리는 좋은 어른이 많은 세상이 아니라, 나쁜 어른을 만나더라도 두렵지 않을 수 있는 세상을 만들고자 합니다'이다. 청소년 스스로가 힘을 가지고 차별과 인권침해, 폭력에 맞설 수 있는 세상을 꿈꾸고 있다.

지음은 나에게 첫 인권단체였다. 지음이 추구하는 방향성이 내 생각과 일치했고 몇 줄 안 되는 단체 소개는 고민 없이 가입신청서를 쓰게 만들었다. 나는 일상 언어 속 나이 차별 문제를 개선하는 캠페인 '어린 사람은 아랫사람이 아니다' 팀에서 채움활동가[2]로 참여하고 있다. 청소년 인권 활동은 내게 많은 변화를 가져다주었다. 학교에서 가르쳐주지 않았던 사회의 새로운 면을 배울 수 있었고, 일상에서 청소년을 하대하는 문화가 눈에 들어오면서 인권을 침해하는 언어들이 들리기 시작했다. '아, 그동안 내가 들어왔던 이런 말, 내가 겪었던 이런 행동이 인권침해였구나.'

---

1 집을 짓고, 밥을 짓고, 농사를 짓듯 청소년인권운동의 기반을 지어가는 단체라는 뜻. 청소년들이 함께 서로의 곁을 지키며, 소리와 마음을 알아주자는(知音) 뜻도 있다.
2 자신이 관심 있는 분야나 활동에 참여하는 팀·사업별 활동가. 운동을 채우고 자신을 채워가며 성장한다는 의미를 담고 있다.

기특하다, 대견하다

어린이나 청소년에게 흔히 쓰는 말 중에 '기특하다' '대견하다' 같은 말이 있다. 긍정적인 평가가 담긴 칭찬이고, 실제로 이런 말을 들으면 기분이 좋은 사람도 있을 것이다. 그러나 동료인 청소년 활동가는 이 말을 들으면 불쾌하다고 한다. 나도 그런 면이 없지 않다. 보통 이런 말은 어린이나 청소년이 사려 깊은 모습을 보이거나 선행을 할 때 들을 수 있는데, 이 말에는 어린이와 청소년은 미성숙해서 보호받거나 도움받는 위치에 있다는 인식이 담겨 있다. 그 말을 쓰는 것 자체가 어린이와 청소년에 대한 고정관념을 담고 있는 것이다. 특히 정치나 사회 문제에 대해 발언하거나 인권 운동, 환경 운동 등 사회활동에 참여하는 청소년 활동가는 '안녕하세요'만큼이나 자주 듣는 말이다.

나를 비롯한 청소년 활동가 대부분은 남에게 보여주려고, 남을 위해 사회 운동에 참여하지 않는다. 정말 시급하고 내게 심각한 문제라서 그걸 해결하기 위해 참여하는 거다. 열심히 공부하며 자신의 꿈을 찾고 친구들과도 놀고 싶은 청소년이 없는 시간 쪼개가면서 캠페인하고, 회의하고, 집회하는 것은 그만큼 절박하기 때문이지, 칭찬을 받고자 하는 것이 아니다. 청소년의 사회참여와 활동을 특이하고 예외적인 것처럼 보는 사람들이 많지만, 당사자 문제를 스스로 해결하기 위한 지극히 평범한 호소다. 그러니 이제 기특하다, 대견하다, 이런 말은 그만 들었으면 좋겠다.

미성년자

청소년을 예외적이고 특이하게 보는 또 하나의 익숙한 단어는 '미성년자'다. '미성년이니까 미성년자라 하지, 왜?'라고 생각하는 사람도 있겠지만 실제 그 뜻을 파고들어보면 청소년에게는 불쾌하게 여겨질 수 있다. '성년이 아닌 사람'을 뜻하는 이 단어 자체가 청소년을 무시하는 건 아니지만 사회 구성원의 중심을 성인에 두고 구분한다는 것을 알 수 있다. 성인이 아니라 청소년이 기준이라면 '청소년'과 '비청소년'으로 불러야 할 것이다. 너무 억지스럽지 않느냐고 말하는 사람도 있겠지만 그 관점에서 보면 '성년'을 중심으로 '미성년'을 구분하는 것 또한 어색하게 느껴져야 할 것이다.

단순히 나이만으로 성숙과 미성숙을 구별짓는 것 자체가 사실 불가능한 일이다. 법에서 규정하는 만 19세 이상인 자, 즉, 성인은 모두 성숙하고 판단 능력이 뛰어날까? 법정 연령이 되면 갑자기 성숙해지고 판단 능력이 충분한 사람이 되는 걸까? 뉴스 기사에서는 날마다 미성숙하거나 도덕적이지 못한 성인들의 모습을 볼 수 있다. 정치인과 그 관계자들의 부정부패, 학력 위조 의혹, 각종 비리 등을 보면 성인이어도 얼마나 성숙하지 못한지 확인할 수 있다. 만 19세라는 나이를 정해서 '미성년자'로 규정하는 것은 청소년을 하대하고 차별하는 것이라고 볼 수 있다.

사춘기, 중2병

10대 하면 생각나는 말 중 하나는 '사춘기'일 것이다. 사춘기는 육체적, 정신적으로 많은 변화가 일어나는 10대 초중반 시기를 나타내는 말이다. 단어 자체가 부정적 뜻을 갖고 있지는 않지만 사춘기는 불안, 반항, 충동 같은 부정적인 이미지와 연결된다. "사춘기 애들은 충동적이다" "너 이거 사춘기적 태도야" "사춘기라서 반항하는 거니?" 같은 식으로 말하면서 청소년을 이해할 수 없는 비이성적 존재로 바라본다. 청소년들이 부당한 일이나 자신들을 존중하지 않는 태도에 대해 항의할 때, 사회 문제나 정치 관련 이야기를 할 때 사춘기라서 그렇다며 무시하곤 한다.

요즘에는 '중2병'이라는 말도 사춘기와 함께 쓰이고 있는데, 10대 중반의 청소년들을 '환자' 같은 존재로 바라보는 시각이 담겨 있다. 어른의 말을 고분고분 따르지 않고 기성세대와 주류가 정해놓은 틀을 벗어나려 하면 '중2병이라서' 그렇다고 한다. 또한 정신적 치료가 필요한 상황인데 사춘기나 중2병이라서 그렇다면서 그냥 넘어가는 경우도 있다. 청소년을 이상한 사람, 병적인 존재로 바라보는 시각은 청소년을 차별하고 무시하는 표현이라고 할 수 있다.

대들다, 말대꾸하다

"어디서 말대꾸야!" "어른한테 대들지 마" 같은 말을 한국의 청소년이라면 누구나 흔히 들어봤을 것이다. 부모나 교사, 또는 어른이 무언가 지시하거나 말했을 때 그 말에 반박하거나 의견을 내는 등 대립각을 세우면 듣게 되는 표현이다.

'대들다'와 '말대꾸하다'의 사전적 뜻은 "남의 말을 듣고 그대로 받아들이지 아니하고 그 자리에서 제 의사를 나타내는 행위"로, 그 자체가 위계적인 단어는 아니다. 하지만 서로 동등한 관계에서는 주로 '반박하다' '의견이 대립하다' 같은 말을 쓰지 대든다, 말대꾸한다고 하지 않는다. 그러므로 '말대꾸하다' '대들다'는 상대를 무시하는 표현이라고 여길 수밖에 없다. 청소년은 당연히 어른의 말에 순순히 따라야 하고, 어른 의견을 반박하는 것은 예의 없는 모습이라고 여긴다.

○○ 친구

친한 사람을 우리는 '친구'라고 한다. 그런데 우리 사회에서는 나이 든 사람들이 어린 사람에게 '친구'란 말을 남발하는 것을 볼 수 있다. 자기보다 젊은 사람을 가리켜 "그 친구는~" 한다든지, 어른이 어린이들을 부를 때 "우리 어린이 친구들은~"이라고 하는 경우다.

본래 친구 관계는 상호적인 것이다. '서로' 친해야 친구인 거다. 하지만 나이의 위계 속에서 쓰이는 '친구'라는 호칭은 일방적이다. 나이가 많은 사람이 더 적은 사람을 '친구'라고 부를 수는 있지만, 반대로 나이 적은 사람이 나이 많은 사람을 '친구'라 부르는 것은 어색하거나 심지어 무례하게 느껴진다(학교에서 교사를 "우리 선생님 친구들~"이라고 부를 수 있는 학생은 없다).

친한 관계가 아닌데도, 그리고 친분을 드러낼 필요가 없는 공적 관계나 자리에서도 어린이나 청소년을 '친구'라고 부르는 것은 그들을 친절과 시혜를 베풀 대상으로 여기고, 상대의 동의나 공감대가 없어도 일방적으로 친해질 수 있는 대상이라고 여기기 때문이다. 어린이와 청소년을 쉽게 '친구'라고 부르는 문화를 다시 돌아봐야 하지 않을까.

서로를 존중하는 언어

'어린 사람은 아랫사람이 아니다' 캠페인에 참여하면서 나도 '어? 미처 몰랐네?' 할 때가 종종 있었다. 나이에 따라, 신체적 특징이나 생김새에 따라, 성별에 따라 우리는 일상생활에서 수많은 차별적 언어를 사용한다. 차별적 언어를 사용하는 사람은 고정관념 때문에 문제점을 스스로 인식하지 못하고, 듣는 사람은 너무 익숙해서 또는 괜히 말했다가 불이익을 당할까 두려워 선뜻 나서지 못한다. 나도 그렇다. 내향적인 성격 탓도 있겠지만 계속 유지해야 하는 관계가 틀어지는 게 싫고 불이익이 걱정되어 나서지 못하는 경우가 많다.

지음의 슬로건처럼 나쁜 어른과 사람을 만나더라도 두렵지 않은 세상을 위해서 함께 행동할 것을 다시 한번 다짐한다. 청소년과 대화하려는 어른이라면 청소년도 자신과 동등하고 평등한 존재로 바라봐주기를 바란다. 이 글을 읽는 독자들도 누군가에게 차별적인 발언을 한 적은 없는지, 청소년과 대화할 때 동등한 존재로 생각했는지 한번쯤 고민해보면 좋겠다.

(vol. 142, 2022. 7-8)

2부
디지털 시대의 아동인권

인류는 아동을 어떻게 대했을까

제도의 정비에 앞서

아동학대가 중요한 사회문제로 논의되고 있다. 학대의 개념
도 물리적, 정신적 학대뿐 아니라 아동을 돌보지 않고 방임하는
것까지 포함하는 것으로 범위가 넓어졌다. 아동학대를 막기 위
한 각종 법안도 논의되고 있다.

'아동보호'의 필요성이 대두된 것은 어제오늘 일이 아니다.
아동존중의 상징적 의미가 있는 '어린이날'이 생긴 1923년을 기

김한종 _ 한국교원대학교 역사교육과 교수. 『민주사회와 시민을 위한 역사교육』
『10대들에게 권하는 역사』 등을 썼으며 『인류는 아이들을 어떻게 대했는가』를 번
역했다.

준으로 하면 100여 년이 흘렀다. 지금의 아동복지법에 해당하는 아동복리법이 1961년에 제정되었으니까 제도적으로는 60년이라는 시간이 지났다. 그런데도 아동학대는 끊임없이 일어나고 있고, 아동보호 제도의 빈 고리는 계속 드러나고 있다. 이는 아동학대를 근절하고 아동을 보호하려면 제도적 장치 못지않게 '아동을 어떤 존재로 대해야 하는가' 하는 사회적 관점이 중요한 실마리임을 말해준다.

물론 오늘날 아동에 대한 관념이나 아동학대 개념을 지난날의 역사에 그대로 적용하는 것은 조심스럽다. 역사적 사실은 시대적 맥락, 즉 당시의 사회관습과 제도, 사람들의 일반적인 관념을 반영하는 것이기 때문이다. 그렇지만 겉으로 드러나는 아동의 생활이나 이와 관련한 제도가 아니라, 사회가 아동을 바라보는 시각에 초점을 맞춘다면 현재의 눈으로 과거를 바라볼 수 없는 것은 아니다. 이는 역사 속에서 사회구성원들 간의 관계를 드러내고, 사회가 어떤 기준으로 아동을 판단했는지를 보여주기 때문이다.

생산자원으로서의 아동

고대사회에서 구성원을 평가하는 기준은 생산력이었다. 아동의 사회적 가치 또한 어느 정도 생산력을 가지고 있는지에 달려 있었다. 수렵사회에서 출산을 제한한 것이나, 농경사회에서 태어나는 아동의 수가 크게 늘어난 것도 사회 조건의 변화에 따라 아동의 생산력이 달라졌기 때문이었다. 만약 사회구성원으로서 제 몫을 할 수 없다고 판단되면 그 존재를 없애는 일도 있었다. 이런 관점에서 아동학대의 원초적 형태는 유아 살해일 것이다.

우리에게 가장 잘 알려져 있는 유아 살해는 그리스 스파르타의 사례이다. 스파르타에서는 원로들이 태어난 아이를 검사하여 튼튼하면 기르고, 그렇지 못하면 내다 버렸다. 스파르타와는 달리 민주적이라는 아테네에서 상당수의 여자아이를 살해한 것도 남자아이에 비해 생산력이 떨어진다는 판단 때문이었다. 이런 유아 살해는 농경사회에서 널리 행해진 풍속이었다. 자신이 소비하는 사회 비용 이상을 생산하지 못하면 한 사람의 구성원으로 인정받지 못했기 때문에, 성인에 비해 생산력이 떨어지는 유아는 제거 대상이 되었다.

사실 사회구성원이 충분히 먹고살 만큼 생산을 하지 못하는 것은 사회 전체의 문제다. 유아 살해는 사회 전체의 문제를 가장 약한 존재인 유아에게 적용한 것이다. 고대사회에서 아동이나 청소년이 전쟁에 참가한 것도 사회의 생산력을 높이기 위해서였다. 전쟁에서 이긴 측은 패한 측에서 물자를 빼앗거나 생산물을 정기적으로 받을 수 있었기 때문이다.

사회구성원 간의 관계를 규정한 신분제 속에서 아동을 생산

수단으로 보는 생각은 체계화되었다. 당장은 효율적인 생산자원이 아니더라도 장래의 생산을 위해 아동을 확보하는 것이 '신분'이라는 이름으로 가능해진 것이다. 조선시대에는 노비에게서 태어난 자식을 서로 자신의 소유로 하려는 분쟁이 일어나, 노비의 자식은 어머니의 주인집 소속으로 한다는 노비종모법이 만들어지기도 했다. 심지어 아동유괴 범죄까지 생겨났다. 아동을 유괴하여 길러 노비로 삼기 위해서였다. 정조 때 간행된 법전인 「대전통편」에서는 이를 별도 항목으로 규정할 정도였다. 아동유괴죄를 저지른 자에게는 곤장 100대에 유형(유배) 3천 리라는 엄벌이 내려졌다. 사형 다음으로 중한 처벌이었다. 그만큼 이런 일이 드문 사례가 아니라 제법 큰 사회문제였음을 말해준다.

사회 정비와 이념 전파의 첫 번째 희생양

'아동'은 국가가 발전하면서 제도를 정비하고 이념을 보급하는 데도 중요한 역할을 했다. 이 또한 아동이 '미숙한 존재'라는 인식을 기반으로 하는 것이었다. '미숙한 존재'인 아동으로 하여금 국가 이념을 받아들이게 함으로써 사회구성원들이 같은 행동을 하게끔 설득하는 일이 더 용이해질 수 있었다.

한국 역사에서는 유교 이념의 보급에서 이런 모습이 잘 나타난다. 신라의 삼국통일을 가능하게 했던 기반이 된 화랑이 대표적 사례다. 신라가 가야를 정벌할 때 큰 공을 세운 사다함은 당시 나이 15세였다. 백제군에 맞서 싸우다가 죽음으로써 신라군의 사기를 높여 승리에 결정적으로 기여한 관창 또한 15세였다. 사다함과 관창의 업적은 『삼국사기』에 독립적으로 기록되어 있을 정도로 높이 평가되었다.

그러나 영화 〈황산벌〉에서는 관창의 죽음을 강요된 죽음으로 해석했다. 장군보다 화랑의 죽음이 훨씬 효과가 크다고 본 신라 장수들이 관창에게 희생을 강요했다고 본다면 이 선택은 '생산적'이었다. 당시 신라뿐 아니라 현대사회에서도 관창의 행동은 본받아야 할 희생정신으로 칭송되기 때문이다.

유교 이념을 사회 윤리로 강조했던 조선시대 기록에는 특히 '효'에 대한 아동의 극단적인 실천 사례가 적지 않게 나온다. 세종 때 황해도 옹진에 사는 백정 양귀진은 아홉 살이라는 어린 나이에 병에 걸린 아버지가 인육을 먹으면 낫는다는 말을 듣고 자신의 손가락을 잘라 아버지에게 바친다. 중종 때는 동시라는 열다섯 살 여자아이가 자기 손가락을 구워 먹여 아버지 병을 낫게 하였다. 이처럼 손가락을 자른다든가 허벅지 살을 베어내 부모의 병을 낫게 하는 사례는 어린 나이뿐 아니라 천민이라는 신분, 여자아이라는 성별까지 부각시킨다. '미숙한 존재'임을 강조함으로써 사회이념의 정당성을 확보하고 더욱 널리 보급하고자 한 것이다.

한국에서 가장 유명한 종이라고 하면 '에밀레종'이라 불리는 성덕대왕신종을 떠올릴 것이다. 종을 만드는 일에 거듭 실패하다 아이를 쇳물 속에 넣자 비로소 아름다운 소리를 내는 종이 만들어졌다는 설화로 유명하다. 그 의미에 대해서는 다양한 견해가 있지만, 이 전설이 인신공양이라는 불교 신앙에서 비롯된 것이건, 종을 만드는 데 들어간 지극한 정성 혹은 백성의 고통이 반영된 것이건 희생의 대상이 '아동'이라는 점은 변함이 없다.

어떤 일이 제대로 진행되지 않을 때 아이를 희생시키면 해결된다는 생각은 이후에도 존재했다. 고려 충혜왕 때는 궁궐을 지을 때 주춧돌 아래 수십 명의 민가 아이들을 묻었다는 소문이 떠돌았고, 조선시대에도 높은 관직이나 사회적 지위에 있는 사람들의 집을 지을 때 비슷한 소문이 퍼져서 문제되는 일이 여러 차례 일어났다. 신적인 존재에게 제물을 바침으로써 원하는 바를 얻고자 할 때 가장 만만하면서도 귀한 제물이 '아이들'이었다.

전쟁이나 자연재해 등으로 삶이 어려워졌을 때도 언제나 첫 번째 희생양은 아동이었다. 고려가 몽골과 싸우기 위해 도읍을 강화로 옮겼을 때, 조정을 유지하고 전투를 계속하는 데 아동은 필요하지 않았다. 많은 아이들은 육지에 그냥 내버려졌다가 몽골군에게 끌려갔다. 섬이나 깊은 산속으로 피난을 떠났던 사람들은 원래 살던 곳으로 되돌아올 때는 아이들을 나무에 매달아 놓고 왔다고 한다. 한편으론 민중의 삶이 얼마나 어려웠는지를 보여주는 기록이지만, 그 첫 번째 희생양이 아동임은 마찬가지이다.

여기에서 '선택'은 아동의 의지와 상관이 없다. 아동의 희생은 그저 사회의 필요에 따라 선택된 것이고, 그 선택의 기준은 사회가 요구하는 생산 능력의 유무였다. 에밀레종 설화에서 아이는 부모가 가장 소중히 여기는 대상이지만, 그 소중함도 부모의 깊은 신앙심에 미치지는 못한다. 아이를 희생물로 바치는 것은 부모의 선택이고, 그 선택은 아이가 아닌 부모의 희생으로 미화된다.

근대사회 속의 아동

아동을 사회 발전을 이루기 위한 수단으로 대한 것은 근대사회도 마찬가지였다. 1601년 영국 엘리자베스 여왕 시절에 만들어진 구빈법은 아동을 보호한다는 명목으로 부모가 없는 아동을 노동력이 필요한 가정에 보냈다. 이런 사고방식은 산업혁명 이후 아동을 생산노동에 투입하는 것을 당연시하는 문화를 낳았다. 자연스럽게 아동은 자신의 선택이 아닌 사회 시스템에 의해 산업노동에 종사하게 되었다. 자본주의 관점에서 아동은 성인보다 생산력이 떨어졌지만, 적은 비용을 들여도 되었기 때문에 생산 효율성은 오히려 높았다. 그런 이유로 아동노동은 널리 퍼졌으며, 아동은 어른 못지않게 장시간 노동을 해야 했다. 이는 이른바 선진 자본주의 국가뿐 아니라 선진국에 예속된 저개발 국가들에서도 마찬가지였다.

근대국가는 교육을 통해 이런 시스템을 정착시켰다. 근대학교는 일제교육이라는 형식으로 국가 이념을 체화시키고 국가가 목표하는 인간으로 아동을 훈육했다. 근대 한국에서도 체육시간에는 군대식 체조를 하고, 운동회에서 황제를 칭송하는 노래를 불렀으며, 국가와 민족을 부강하게 하는 방법을 주제로 토론대회를 열었다. 일제강점기에 운동회에서 전쟁놀이를 하고, 해방과 한국전쟁 이후 반공 웅변대회를 한 것도 같은 맥락이었다.

근대 초기, 방정환은 어린이를 무시하고 학대하는 사회 풍조를 비판하며 하나의 인격체로 대해야 한다고 주장했다. 그는 아동인권에 대한 개념조차 없던 1920년대에 '어린이'라는 용어를 만들고 어린이날을 제정했다. 그렇다고 어린이를 국가나 사회를 위한 존재로 보는 인식 자체가 바뀐 것은 아니었다. 어린이가 소중한 것은 미래의 자원이기 때문이었다. 반대로 장애를 가진 아동과 같이 사회에 도움이 되지 않을 것이라고 판단되는 아동은 관심 대상에서 배제되었다.

1960~70년대 근대화 과정에서 10대 여성들이 공장에서 저임금을 받고 장시간 노동하는 것에 사회는 오랫동안 별 문제의식이 없었다. 사회가 필요로 하는 구성원으로 성장하는 데 부모

나 학교의 통제는 말할 것도 없고, 가혹한 학대도 묵인되었다. 이는 아동을 하나의 주체로 보기보다는 사회 발전을 위한 수단으로 보았기 때문이다.

21세기 아동, 보호 대상이 아닌 사회적 주체로

오늘날 아동은 어떤 위치에 있을까. 학교에서는 '민주시민교육'을 하면서도 아동을 독립적인 사회적 주체로 인정하는 데는 주저한다. 아동을 여전히 미숙한 존재로 여기는 것이다. 초중고 학생들이 자신의 대표를 뽑는 일마저 '어른'인 교사의 지도가 필요하다고 생각한다. 사회비리에 분노하고 의사표명을 하면 기특해하지만 이는 어른들이 해결할 문제라고 단정짓는다.

진정한 아동보호는 아동을 '보호 대상'이 아닌 '주체적 존재'로 인정할 때 가능하다. 아동보호를 수동적 의미로 이해할 때, 아동은 '어른'에 의해 좌우될 수 밖에 없다. 국제연합은 1989년 '아동권리협약'을 체결했다. '아동보호'협약이 아니라 '아동권리'협약이다. 이 협약은 아동을 배려하고 보호하는 것이 필요하다고 주장하지만, 인간의 존엄성과 평등하고 양도할 수 없는 권리가 아이들에게도 있음을 인정하고 들어간다. 생존과 성장의 권리뿐 아니라, 표현과 사상·양심·종교의 자유, 자유로운 교제와 집회, 사생활 보호, 정보에 대한 접근의 권리까지 아동에게 당연히 주어져 있음을 천명한다. 이 항목들은 나이가 어리기 때문에 받아야 할 배려가 아니라, 사회구성원으로서 당연히 누려야 할 기본권이다.

요즈음 아동 문제에 관심이 크게 높아졌다. 스쿨존 교통사고나 아동 대상 범죄의 처벌이 강화되고, 장애를 가진 아동을 위한 제도적 장치도 늘어나고 있다. 바람직한 변화다. 그러나 혹시 거기에 아동은 '보호의 대상'이라는 생각이 여전히 깔려 있지는 않을까? 아동을 보는 관점이 먼저 바뀌어야 아동보호는 구호가 아니라 현실이 될 것이다.

(vol. 135, 2021. 5-6)

아동학대와 아동보호 사이

아동기의 탄생

역사적으로 '아동기'에 대한 인식이 생겨난 것은 200여 년 전이다. 필립 아리에스는 『아동의 탄생』에서 '아동'이란 용어가 근대적 의미로 정립된 것이 17세기 중반이었다고 분석한다. 서양 회화에서 아동이 독립적인 피사체로 등장하기 시작한 때가 16세기 중반이다. 그 무렵만 해도 아이들은 일곱 살 즈음이면 어른들 세계에 편입되었다. 남자아이들은 남자들의 세계에 들어가

현병호 _ 『민들레』 발행인. 지은 책으로는 『스스로 서서 서로를 살리는 교육』 『반지성주의보』가 있고, 『재난의 시대, 교육의 방향을 다시 묻다』 외 여러 권을 함께 썼다. 옮긴 책으로는 『소통하는 신체』(공역) 등이 있다.

나이를 불문하고 친구와 일, 놀이를 공유했다.[1] 한국 전통사회에서도 '남녀칠세부동석'이라는 말이 있듯이 아이들은 일곱 살 무렵이면 성별이 나뉘어 사회화 과정을 거쳤다.

'장유유서長幼有序'라는 말에는 아이들도 젖 떼면 어른과 서열 경쟁을 해야 하는 사회상이 담겨 있다. '아동기'라는 개념조차 없던 시대에 아동의 서열은 당연히 어른 아래였고, 아동의 권리라는 말은 생겨날 수 없었다. 나이가 권력이 되고 어른의 말이 곧 법이 되는 사회에서 아이들, 그중에서도 사회적 신분이 낮은 부모에게서 태어난 아이들은 사람 대접 받기도 어려웠다. 조선시대에는 '종 딸년 웃방아기 들이듯'이라는 말이 당연지사를 일컫는 속담처럼 쓰일 정도로 아동 성폭력은 일상다반사였다.

그런 문화 속에서도 19세기 후반에 이르러 동학운동을 통해 평등과 아동인권에 대한 의식이 자생적으로 확산된 것은 놀라운 일이다. 동학을 창시한 최제우는 자신의 여종 둘을 딸과 며느리로 삼아 평등사상을 몸소 실천했다. 2대 교조 최시형은 '어린이도 한울님'이라 선언했고, 3대 교조 손병희는 '사람이 곧 한울人乃天'이라는 사상으로 동학을 천도교로 재편했다. 그의 사위이기도 한 방정환은 5월 1일을 어린이날로 정하고(5월 5일로 정해진 것은 1946년이다), 1923년 처음 연 어린이날 기념식에서 세계 최

---

1 필립 아리에스, 『아동의 탄생』, 문지영 옮김, 새물결, 645쪽.

초로 아동권리선언을 발표했다. 그해 창간한 월간 《어린이》는 연간 10만 부를 찍을 만큼 인기를 누리면서 아동문학의 지평을 열어젖혔다.[2]

하지만 한국 사회에서는 20세기 중반까지도 아동과 성인의 경계가 그다지 뚜렷하지 않았다. 방정환은 소학교를 다니던 10세 나이에 '소년입지회'를 조직해 동화 구연과 대중 연설을 했다. 구한말 곳곳에서 열린 집회에서는 소학교 학생이 청중을 감동시키는 연설을 곧잘 했다.[3] 4.19 당시만 해도 오늘날 '초딩'이라 불리는 연령대 아이들이 단체로 시위에 나서곤 했다. 초등학교를 마치고 사회로 나가는 아이들이 적지 않던 시절이었다. 그 후 학력 인플레가 빠르게 진행되면서 아이들의 사회 진출 시기가 점점 늦춰지고, 아동을 대상으로 하는 다양한 산업이 자리를 잡으면서 아동과 성인은 확연히 분리되기에 이르렀다. 더욱이 아동기에 이어 '청소년기' 개념이 생겨나고, 21세기 들어 취업난으로 '청년기'라는 또 하나의 과도기가 등장하면서 아동과 성인의 거리는 점점 멀어지는 양상이다. 열 살쯤 되면 어른과 다르지 않은 사회적 존재로 인정받고 사회활동을 하던 시대와 스무

2   당시 서울의 인구가 30만이었다. 《어린이》는 1931년 방정환이 세상을 떠난 뒤에도 꾸준히 발간되다가 일제의 한글 말살 정책 시행으로 1937년에 폐간되었다.

3   소학교를 다니던 장용남, 태억석 학생은 만민공동회에서 연설을 했다는 이유로 퇴학 처분을 받았다.(이승원, 『학교의 탄생』, 휴머니스트, 2005, 334~337쪽.)

살이 넘어도 성인 대접을 받기 힘든 시대 중 어느 쪽이 나을까?

한편 21세기 들어 인터넷이 보급되고 스마트폰이 아이들 손에도 들려지면서 정보의 세계에서 아이들과 성인의 경계가 점점 낮아지는 현상이 나타나고 있다. 온라인 세상에서는 '성인 인증'을 통해 애들과 어른의 경계를 긋지만, 아이들은 그 경계를 쉽게 넘나든다. 디지털 세계에서는 '애들은 가라'가 통하지 않는다. 인터넷 댓글의 익명성은 아이들 또한 여론의 장에 얼마든지 참여할 수 있게 만든다. 뉴스 댓글 중 초등 아이들 댓글이 차지하는 비중이 상당하다는 것은 공공연한 비밀이다. 근대 초기에 '아동'이 발견되면서 아동인권 의식이 생겨났다면, 탈근대 시대에는 다시금 아동과 성인의 경계가 희미해지면서 인권도 동등해질까?

아동중심 양육과 교육의 명암

서구에서 아동인권에 대한 인식이 확산된 것은 20세기 들어서였다. 산업화 초기만 해도 아이들은 부려먹기 좋은 '작은 인간'이었다. 마르크스의 『자본론』이 고발하는 19세기 영국의 아동노동 현실은 오늘날 서구문명의 어두운 과거를 증언한다.[4]

---

4 당시 성냥 제조업체 조사에 따르면 노동자 중 270명이 18세 미만, 40명이 10세 미만, 그 중 10명은 8세, 5명은 겨우 6세였다.

한 소녀의 검시 보고서에는 궁중무도회에서 귀부인들이 입을 의상을 만드느라 26시간 동안 잠도 못 자고 일한 정황이 기록되어 있다. 산업이 발전하면서 아동노동의 필요성이 줄어들고 의무교육이 확대되지만, 이제 아이들은 공장 대신 학교에 갇히는 신세가 되었다. 서구 사회에서 아이들 삶의 질이 획기적으로 개선된 것은 분명하지만, 공장에 갇혀 날마다 야근하는 삶보다 학교에 갇혀 야간 학습노동을 하는 삶이 더 낫다고 말하기는 어려울 것이다.

오늘날 문명사회에서 아동을 '보호'하는 것은 당연한 일처럼 인식되고 있다. 경제가 발전하고 여유가 생기면서 아이들에게 더 많은 관심을 기울이게 되지만 그 결과가 좋기만 한 것은 아니다. 서구 사회는 아이들만 집에 두고 외출하는 것을 법으로 금지할 만큼 아동보호 정책이 엄격한데, 이런 문화의 이면에는 아동을 미성숙한 존재로 바라보는 시선이 깔려 있기도 하다. 성인의 돌봄이 필요한 유아의 경우 보호가 당연하지만 이런 관점이 아동기 전반으로 확대되면서 아이들을 보호 대상으로 보는 문화가 형성된다. 보호중심의 양육 문화는 아동을 주체적 인간으로 바라보지 못하게 만들고, 또 다른 한편 아이에게 지나치게 많은 권력을 안겨준다.

부모와 자녀의 관계는 집안 문화나 개인의 성향 못지않게 시대 흐름에도 크게 영향받는다. 아이중심의 문화는 오늘날 선진국의 보편적인 흐름이다. 부모들은 아이들에게 점점 더 많은 선택권을 주고 있고, 심지어 약을 먹을지 안 먹을지도 아이들의 선택에 맡겨야 한다고 믿는 부모들이 있다. 스웨덴의 한 컬럼니스트가 아이에게 의학적 결정권을 주어서는 안 된다는 취지의 칼럼을 썼다가 숱한 비판에 직면한 사례는 오늘날 아동인권에 대한 인식이 어떤 부작용을 낳는지를 보여준다. 이제 부모들은 아이와 관련해 스스로 결정하고 실행하는 일을 점점 어려워한다.

"아동중심의 육아를 기반으로 하는 스웨덴 가정에서 아이는 때때로 부모보다 더 큰 권력을 행사한다. 소소하게는 저녁 메뉴부터 휴가철 여행지까지 스웨덴의 부모는 작은 결정 하나하나까지 아이와 상의해서 결정한다. (…) 서양에서는 극도로 아동중심적인 문화가 생겨났는데, 서유럽 나라들이 주로 그렇다. 그 배경에는 아이에게 물질적으로 아쉬운 게 없도록 해주는 부모가 좋은 부모이며, 아이에게 언성을 높이는 일 없이 아이의 말에 반박하지 않으며, 아이를 언제나 아이의 눈높이에서 대하는 사람이 가장 좋은 부모라는 관점이다. 미안한 말이지만 이것은 아이 같은 어른을 길러내는 문화다."(다비드 에버하르드, 『아이들은 어떻게 권력을 잡았나』, 권루시안 옮김, 진선북스, 2016, 191쪽.)

근대에 접어들어 서구 사회는 신의 죽음을 선언하면서 아버지의 권위를 무너뜨렸다. 아버지가 힘을 잃으면서 많은 가정에서 권력의 무게중심이 아이에게로 옮겨갔다. 서구의 68세대는 아버지에게서 벗어남으로써 자유를 얻으려 했지만[5] 자신도 모르게 아이라는 독재자를 스스로 옹립한 셈이다. 아이 눈높이에서 아이들을 대하는 태도를 이상적으로 여기게 되면서 교육도 '눈높이 교육'을 강조하게 되었다. 탈권위주의가 확산되면서 이제 좋은 아빠의 기준은 얼마나 아이와 잘 놀아주는지, 얼마나 친구 같은 아빠인지가 되었다.

오늘날 많은 부모들이 '권위가 있는 부모'와 '권위적인 부모'를 혼동한다. 권위에 대한 알레르기를 갖고 있는 세대는 탈권위를 추구하면서 양육과 교육에서 어른이 지녀야 할 권위까지 벗어버렸다. 목욕물을 버리면서 아이까지 버린 셈이다. 에버하르드는 위의 책에서 이렇게 말한다. "아이가 어른을 어른으로 보는 것은 훨씬 중요하다. 그럴 때 아이들은 어른이 된다는 것이 무슨 의미인지를 점진적으로 학습할 기회를 갖는다. 육아는 어른으로서 살아갈 수 있도록 준비시키는 과정이지, 아이와 어떤 게임을 하며 놀지를 정하는 과정이 아니다."

아직 인권 의식이 제대로 자리 잡지 않은 한국 사회에서 아동중심주의를 비판하는 것은 자칫 권위주의를 옹호하는 것처럼

---

5 퀸이 노래한 〈보헤미안 랩소디〉 가사는 다양한 해석을 낳고 있지만, 아버지를 죽인 아들의 고뇌를 묘사한 것으로 해석되기도 한다.

비칠 우려가 있다. 아동인권에 대한 사회적 인식 수준이 낮고 아동학대가 빈번히 일어나는 사회에서 아동중심주의의 부작용을 경계하자는 주장은 너무 앞서 나가는 것인지도 모른다. 하지만 오늘날 우리 사회의 많은 가정에서는 아이들이 가장 큰 권력을 갖고 있는 것 또한 사실이다. 학생인권이 강조되면서 학교에서는 교사들이 학생들 눈치를 보기에 이르렀다.

훈육과 학대 사이

민주화가 진행되고 권위주의가 퇴색하는 흐름에 발맞추어 아동인권과 학생인권에 대한 인식이 강화되는 것은 바람직한 변화다. 그러나 모든 작용에는 반작용과 부작용이 따르는 법. 인권 의식이 강화되면서 고소·고발에 시달리는 교사들이 늘고 있다. 페이스북에 담임 욕설을 올린 한 고등학생은 교사의 훈계를 듣고서 "인격적 모멸감을 받았다"는 이유로 담임을 아동학대로 고소했다. 수업 시간에 떠드는 학생을 나무랐다가 아동복지법 위반으로 고소당하기도 한다.

요즘 중고등학교 교사들은 소송에 휘말릴까봐 담임을 맡지 않으려 한다. 학생주임도 기피 대상이다. 학교폭력을 방관한 교사는 형사입건 될 수 있는 데다 피해학생 측이 교사를 상대로 손해배상청구 소송을 하는 사례가 있기 때문이다. 교사들의 학생지도에 대해 학생이나 학부모가 '정서적 아동학대'로 고소·고발하는 경우가 늘어나면서 교사들은 학생지도에 적극적으로 나서지 않으려고 한다. 소송에 대비해 보험을 드는 교사들도 꾸준히 늘고 있다.[6]

훈육과 학대의 경계는 애매하다. 약자의 목소리에 귀를 기울이는 선진 사회일수록 아동학대에 대한 경각심이 높고, 당국과 시민이 합심하여 아동학대를 감시하다 보니 사소한 일에서도 학대 요소를 찾게 되면서 육아나 교육 자체가 위험한 일처럼 여겨지기에 이르렀다. 부모 역할에 자신감을 잃고 아이에게 상처를 줄까 봐 훈육을 망설이는 부모들이 적지 않다. 교사들은 학생지도를 어떻게 해야 할지 몰라 전전긍긍한다. 지난 십여 년 사이에 교사들의 직업 만족도는 급격히 떨어지고 있다.[7]

문명사회일수록 각종 위험으로부터 비교적 안전하다 보니 오히려 사소한 위험에도 예민하게 반응하게 된다. 옛날 같으면 대수롭지 않게 여길 상처에도 병원을 찾는다. 개인의 권리가 보장되는 사회일수록 사소한 일에서도 부당한 대우를 받고 있다

---

6 동부화재가 1999년에 내놓은 '참스승배상책임보험'의 계약 건수는 꾸준히 늘고 있다. 한국교직원공제회에서 만든 THE-K손해보험도 2016년에 '교직원법률비용보험' 상품을 내놓았다.

7 2022년 스승의날을 앞두고 한국교원단체총연합회가 교원 8431명을 대상으로 한 설문조사에서 교직생활에 만족한다는 응답은 33.5%에 그쳤다. 2006년 67.8%에 비해 절반 이상 떨어진 셈이다.

고 느끼는 이들이 늘어나는 것도 비슷한 원리다. 교육환경이 개선되었음에도 학교생활을 힘들어하는 아이들이 늘어난다. 군대도 옛날에 비해 병영 여건과 인권이 눈에 띄게 개선되었지만 군생활을 힘들어하는 젊은이들은 점점 많아진다.

고루 잘사는 나라, 복지제도가 발달한 사회에서는 아이들도 꼼꼼하게 관리되기 마련이다. 그런 사회에서 도전적이고 혁신적인 인재가 나오기는 쉽지 않다. 번성하던 식물 군락이 쇠퇴하면서 다른 군락이 들어서듯이 문명 또한 흥망성쇠의 과정을 거친다. 지구적 관점, 인류의 관점에서 보자면 이 또한 나쁘지 않은 일이다. 그럼으로써 종의 다양성이 유지되듯이 문명의 다양성이 보존된다.

역사적으로 현대 문명국가처럼 약자에 대한 선의를 기반으로 하는 사회제도가 존재한 적이 없다. 이는 생산력이 받쳐주기에 가능한 일이다. 아동중심주의는 생존을 위해 치열하게 경쟁하지 않아도 되는 사회에서 채택 가능한 이데올로기다. 한국 사회처럼 국민소득이 높으면서 입시경쟁이 치열한 사회에서는 이중적인 양상이 나타난다. 아이가 어릴 때는 아이중심이었다가 입시경쟁이 시작되는 시기에 접어들면 아이를 다잡기 시작하는 것이다. 학대에 가깝게 학습노동을 강요하지만 공부만 잘하면 다른 모든 것을 눈감아주는 분위기에서 아이들은 제대로 성숙하지 못한다. 아이의 작은 신호에도 즉각 반응하면서 변덕을

다 받아주다 보면 자기중심적인 아이가 되기 십상이다. 많은 부모들이 아동중심과 입시중심 사이에서 헤매면서 양육과 교육에 어려움을 겪는다.

아이를 잘 키우려 애쓰는 일은 좋은 일이지만 좋은 의도가 반드시 좋은 결과를 낳지는 않는다. 인류학적 관점에서 다양한 문화권의 육아 문화를 연구하는 러바인 교수는 좋은 부모가 못 될까봐 전전긍긍하는 부모들에게 너무 긴장하거나 불안해할 필요가 없다고 충고한다.[8] 부모의 말과 행동이 아이의 정신건강에 절대적 영향을 미치지 않을뿐더러 아이들에게는 회복탄력성이 있다면서. 호된 꾸지람을 듣는다고 해서 아이들이 쉽게 좌절하거나 트라우마에 빠지지 않는다는 것이다. 애정에 근거한 훈육은 아이들에게 쓴 약이 될 때가 많다. 아이에게 상처를 줄까 봐 강박증에 시달리는 부모들에게 러바인은 너무 '쫄지' 말라고, 릴랙스하라고 권한다.

미국을 비롯한 서구의 부모들은 매사에 아이들에게 선택권을 줌으로써 아이들과 협상을 해야 하는 상황에 처해 있다. 한국 사회에서도 비슷한 양상이 나타나고 있다. 아이들에게 군림하지도 휘둘리지도 않는 부모가 되기란 쉽지 않다. 아동중심으로 사고하고 행동하는 것과 아이를 존중하는 것은 다르다. 아이들

---

8 로버트 러바인·세라 러바인, 『부모는 중요하지 않다』, 안준희 옮김, 눌민, 2022.

을 동등한 인격체로 존중하는 양육 문화, 교육 문화를 만들어가야 할 시점이다. 방정환의 호 '소파小波'에는 '잔잔한 물결처럼 천천히 어린이에 대한 인식을 바꾸겠다'는 의지가 담겨 있다. 어린이들에게도 존댓말을 했던 그가 100여 년 전에 뿌린 씨앗을 가꾸고 돌봐야 할 때다.

(vol. 143, 2022. 9-10)

온라인에
아이 사진을 올리기 전에

셰어런팅 소송

2016년, 캐나다에서 일명 셰어런팅Sharenting1 소송이라 불리는 사건이 일어났다. 열세 살 소년이 자신의 부모에게 손해배상을 청구했는데, 부모가 자신의 이미지를 심각하게 훼손하는 사진을 10년 넘게 SNS에 올렸다는 것이 소송을 제기한 사유였다. 뉴스 인터뷰에서 "귀여워서 올린 사진에 너무 심각하게 대응하는 것이 아닌가" 진행자가 묻자 소년은 이렇게 말했다. "부모님은 즐거워서 올렸겠지만 그 사진들이 지금 내 삶에 너무 큰 영향을

_____

강미정 _ 세이브더칠드런 코리아 권리옹호부 부장.

끼친다. 우리 반 모든 친구들이 내 사진을 찾아서 볼 수 있다. 많은 사람들이 세 살 생일날, 얼굴에 케이크가 묻은 내 사진을 봤다며 웃었다."[2]

먼 나라 이야기가 아니다. 2021년 세이브더칠드런의 조사에 따르면 한국에서도 86.1%의 부모가 자녀의 사진이나 영상을 SNS에 게시한다고 응답했다. 이 중 SNS에 사진 올리는 것을 자녀와 이야기해본 부모는 44.6%로 절반이 채 되지 않았다. 많은 보호자가 동의 없이 아이의 일상을 불특정 다수에게 공개하고 있는 것이다.

디지털 기록은 아이들의 성장과 일상에 많은 영향을 미친다. 2020년 세이브더칠드런이 주최한 '우리 가족 랜선 라이프 다시보기' 포럼에서 디지털장의사 김호진 대표는 '잊힐 권리'에 관한 서비스를 의뢰하는 고객 중 55%가 아동·청소년이며, 실제로 부모가 SNS에 올린 사진이 놀림거리가 되었다며 삭제를 요청한 초등학생도 있었다고 말했다. 디지털 세대 아이들은 자신의 동의 없이 공유된 사진과 영상들이 사람들에게 잊히기를 원한다는 것이다.

---

1 공유를 뜻하는 셰어(share), 부모를 뜻하는 페어런트(parents)의 합성어로, 부모가 SNS 등 온라인에 자녀의 일상을 과도하게 게시하는 것을 말한다.
2 'Child sues parents for posting "embarrassing" baby pictures on social media', CBCnews, 2016.10.20.

디지털 환경과 아동의 권리

디지털은 이미 아이들의 삶과 떼어놓을 수가 없다. 아이들은 디지털 환경에서 학습하고 관계를 맺으며 자신의 정체성을 형성한다. 어떤 아이들은 디지털 기술을 통해 미래에 무엇이 되고 싶은지 질문하고 탐험할 수 있게 되었다고도 말한다. 그러나 아이들은 이러한 환경 속에서 새로운 기회뿐 아니라 위험에도 직면한다.

미디어학자 케이트 아이크혼은 아이들은 '잊고, 잊혀야' 성장할 수 있다며, 디지털 기술로 사람들의 유년기가 오랫동안 기억되는 것에 깊은 우려를 표했다. 그는 교육심리학자 에릭 에릭슨이 말하는 '심리사회적 유예'의 보장이 아동의 발달에 매우 필요하다고 말한다. 아동이 사회적 책임에 구애받지 않고 다양한 정체성을 탐색하며 실험하는 기간을 거쳐야 자신의 고유한 자아와 사회적 역할을 찾을 수 있다는 것이다. 온라인상의 과도한 정보 공유는 아이들의 잊힐 권리를 빼앗아, 마음껏 실수하고 새롭게 시작하며 변화하고 성장할 기회를 가로막는다고 보았다.

최근 유엔아동권리위원회는 「일반논평 25」에서 "아동의 프라이버시는 '아동이 자기 삶의 주체가 되며 존엄과 안전을 보장받고, 권리를 행사하는 것'의 중심"이라며, "모든 관련 기관을 비롯해 아동의 개인정보를 다루는 곳에서 아동의 사생활을 존중하고 보호할 수 있도록 입법적, 행정적 그리고 기타 조치를 모두 취할 것"을 권고했다.

디지털 환경에서 아동의 프라이버시를 존중하는 것은 부모의 중요한 의무다. 아이의 사생활이 빈번하게 부모에 의해 노출되고 있으며, 어떤 기록은 영원히 삭제가 불가능할 수도 있다. 아동은 자기 삶에 영향을 미치는 모든 일에 의사를 표현할 수 있는 기회를 보장받아야 한다. 아동은 누군가의 소유가 아니라 권리의 주체이자 존엄한 한 인간이기 때문이다.

유럽 국가들은 디지털 환경에서 아동 권리를 보장하는 데 적극적으로 앞장서고 있다. 2016년 4월부터 유럽연합은 개인정보보호법에 따라 미성년자들에게 디지털 개인정보를 삭제할 권리가 있음을 규정하고, 자신의 개인정보 처리에 관한 모든 정보에 아동이 접근할 수 있게 해서 사전에 동의를 얻도록 했다.

프랑스 민법 제9조는 자녀의 초상권 보호에 부모의 책임이 있다고 명시한다. 2018년 한 판결에서 "자녀의 사진을 온라인에 배포하는 것은 사소한 관행이 아니며, 아동은 학대 가능성으로부터 보호받아야 한다"며 어머니에게 SNS에 올린 아들의 사진을 삭제할 것을 명령하기도 했다. 2016년에는 '정보처리와 자유에 관한 법Loi informatique et libertés'에 '미성년자들의 잊힐 권리' 조항을 마련하여 미성년자들이 자신의 개인정보가 온라인에 게재되었을 때 정보 공개 금지를 요청할 수 있게 했다.

셰어런팅 다시 보기

동료들과 '셰어런팅 다시 보기 프로젝트'를 준비하던 지난 봄, 충남 보령의 상화원에 다녀왔다. 바다에 펼쳐지는 석양을 뒤로 하고 나가는데, 관람시간이 끝났다는 관계자의 독촉에 한 아이가 울기 시작했다. 아이의 어머니는 그 모습이 귀엽다며 눈물을 쏙 빼고 있는 아이 얼굴에 카메라를 들이댔다. 찰칵 소리가 얼마나 크던지 바다를 낀 그 넓은 섬에 울려 퍼졌다. 부모에게는 아름다운 봄날에 함께한 아이의 유년 시절 기록일 것이다. 갑자기 나타난 키 큰 어른이 빨리 나가라고 하자 속이 상해 울음을 터뜨린 아이의 순진무구함이 예뻤을 것이다. 아마도 아이의 귀여움을 가족이나 지인들과 나누고 싶었을지도 모른다. 그러나 아이는 그 순간을 어떻게 기억할까? 동의 없이 SNS 어딘가 공개된 자기 사진 아래 귀엽다는 어른들의 댓글을 언젠가 본다면 당혹스럽지 않을까.

'셰어런팅 다시 보기 프로젝트'에는 여러 제보가 올라온다. 호되게 혼난 아이의 우는 얼굴과 함께 '육아 스트레스', 아이가 양손을 들고 벌 서는 장면과 함께 '욕심 부리는 거 아니야, ○○야', 아이가 사진을 찍지 말라고 요청했다는 말과 함께 올라온 얼굴 사진에 '벌써 초상권을 아는 ○○' 같은 해시태그가 붙는다. 소위 '육아스타그램'에는 배변하는 아이의 모습을 숨어서 찍은 사진까지 있다.

일상을 담은 단순한 기록 속에는 어린이집 이름이 찍힌 하원 버스, 아이의 실명과 주민등록번호 앞자리가 보이는 영유아 검진 결과, 아이의 이름과 유치원 반, 생년월일을 유추할 수 있는 생일축하 장면 등 개인정보가 포함된 경우도 있다. 이렇게 온라인에 아이의 개인정보가 노출되면 범죄에 악용될 위험도 있다. 온라인상의 낯선 사람들이 내가 올린 게시물에서 정보를 조합해 자녀에 대한 많은 정보를 얻기 때문이다. SNS 계정 프로필에 올라온 아이 사진을 도용해 온라인 중고마켓 등에서 허위 계정을 만드는 건 드문 일이 아니다. 심지어 신체가 드러난 사진은 다른 사진과 합성하여 성범죄에 악용되기도 한다. 호주의 사이버안전위원회eSafety Commissioner에 따르면 소아성애 성향의 사진 공유 사이트에 올라온 이미지의 절반이 부모가 소셜 미디어나 블로그에 올린 사진이라고 한다.**3**

자신에 대한 정보 공유를 결정할 권리

대부분의 보호자는 좋은 의도로 아이의 일상을 온라인에 공유한다. 위험성을 어느 정도 알면서도 자녀의 일상을 온라인에

---

3 Stacy B. Steinberg (2017), 'Sharenting: Children's privacy in the age of social media', 66 Emory. L.J. 839.

기록하는 이유는 그로부터 얻는 이점이 더 많기 때문일 것이다. 자신의 경험을 주고받으면서 비슷한 상황의 부모들에게 조언을 얻는 등 소셜 미디어는 양육의 기쁨이나 어려움을 다른 사람과 나누는 매개체가 된다. 특별한 도움이 필요한 아이를 양육하는 경우, 성장에 필요한 정보를 얻고 연대감을 형성하기도 한다. 또한 아이의 성장을 손쉽게 기록할 수 있어 아이가 커가는 순간을 가족, 친구들과 바로바로 공유할 수 있다.

그러나 아이의 정보를 온라인에 공유하는 것이 실제로 아이의 삶에 어떠한 영향을 미치는지는 좀 더 신중히 생각해보아야 한다. 가장 중요한 것은 아동의 권리에 기반해 생각하는 것이다. 아이의 삶은 온전히 그의 것이며, 아이는 부모의 소유가 아닌 독립적인 주체이다. 온라인에 기록된 정보는 아이에게 굴욕감을 주는 동시에 지워지지 않는 디지털 기록이 될 수도 있다. '우리 가족 랜선 라이프 다시 보기' 포럼의 한 참석자는 SNS에 올린 딸아이의 사진이 도용되어 모르는 사람의 아들로 묘사된 것을 보고 SNS를 중단했던 경험을 공유했다. 장애를 가진 작가 칼리 핀들레이는 부모가 자신의 상태를 상세하게 온라인에 공유했더라면 매우 당혹스러웠을 것이며, 자신의 방식으로 자신의 이야기를 할 수 있도록 부모가 선택권을 주어서 기뻤다고 말했다.[4]

---

4 'When parents overshare their children's disability', 《The Sydney Morning Herald》, 2015. 07. 24.

'셰어런팅을 어떻게 할 것인가' 하는 질문은 '부모가 아이의 유년기에 대해 어디까지 결정할 수 있는가'라는 질문과 맞닿아 있다. 자기 삶의 이야기를 타인과 공유하는 문제에 대한 아이의 '자기결정권'은 존중되어야 한다. 다른 사람과 같이 찍은 사진을 온라인에 올리기 전에 당사자에게 의사를 물어보는 것처럼 아이에게도 동의를 구해야 한다. 의사를 물을 수 없는 영유아라면, 나중에 아이가 커서 지금 내가 게시한 이 기록에 대해 어떤 견해를 가질지 생각해보는 것도 도움이 된다. 아이에게 온라인에 일상을 공유하는 것이 어떤 의미인지, 누가 그 게시물을 볼 수 있는지, 그로 인해 일어날 수 있는 일은 무엇인지, 프라이버시란 무엇인지 알려주어야 한다.

　아이가 충분히 동의한 것 같지 않을 때는 게시물을 올리지 않는 것이 좋다. 또한 아이가 동의했더라도 온라인에 일상을 게시할 때 아이의 이름, 생년월일, 자주 가는 곳 등이 드러나지 않도록 신경 쓰고, 온라인으로 양육에 대한 고민을 나눌 때도 보호자나 아이의 신상이 드러나지 않도록 유의해야 한다. 기업 혹은 누군가가 나도 모르는 사이 나와 아이의 개인정보를 수집할 수 있다는 점도 늘 염두에 두어야 할 것이다. 마지막으로 아이의 소식이나 안부를 전하기 위해 올렸던 게시물을 일정 시간이 지나면 주기적으로 삭제하는 것도 온라인상에서 아동의 안전을 지킬 수 있는 방법이다.

디지털 기술은 아이들의 사회적 관계와 물리적 세계를 급속하게 확장했다. 아이가 열두 살쯤 되면 보호자가 온라인에 올린 아이의 사진이 대략 1,165장에 이른다는 추정도 있다. 천 개가 넘는 기록이 아이의 삶에 계속 소환된다면 어떨까. 아이는 늘어난 꼬리표 때문에 자신의 '진짜가 지워지는 것 같다'는 『리얼 마래』의 주인공 마래의 상처를 고스란히 겪게 될지도 모른다.

아이들에게 잊힐 권리를 주자. 아이가 자기 삶의 주체로서 온라인에서도 자신의 존엄을 지킬 수 있도록 도와주는 것, 디지털 시대를 함께 살아가는 어른의 역할이다.

(vol. 136, 2021. 7-8)

미디어 속에서
어린이의 권리 지키기

어린이가 경험하는 미디어 세상은 기성세대에게 불안과 기대를 동시에 불러일으키는 미지의 세계다. 미디어에 노출됨으로써 겪을지도 모를 위험에 불안해 하면서도, 미디어를 차단하거나 접촉을 줄이면 소통과 성장의 기회를 잃는 것이 아닌지 걱정이 되기도 한다. 그러다가 '우리 때도 텔레비전이나 PC통신 같은 새로운 미디어 때문에 부모님이 걱정했지만, 이렇게 잘 자랐잖아' 하면서 스스로를 안심시킨 경험도 있을 것이다.

하지만 오늘날 미디어 환경은 기성세대가 자랄 때의 환경과

김아미 _ 경인교대 미디어리터러시연구소 연구원. 어린이와 청소년의 미디어 문화를 연구하고 미디어 리터러시 교육에 대해 고민한다. 주요 저서로 『미디어 리터러시 교육의 이해』 『온라인의 우리 아이들』이 있다.

아주 다르다. 디지털 기술의 급격한 변화, 그리고 미디어와 일상을 떼어놓고 생각할 수 없는 현실에서 아동인권이 침해당하는 일이 종종 일어나고 있다. 그중 몇 가지 사례를 살펴보면서 미디어 세상에서 어린이의 권리를 지키기 위한 보호망을 어떻게 만들어갈지 함께 생각해보고자 한다.

어린이의 권리가 침해되는 미디어 현실

매년 실시하는 진로 조사에서 초등학생의 장래희망 상위권에 '유튜버' 혹은 '크리에이터'가 최근 몇 년간 꾸준히 등장하고 있다. 전문적인 크리에이터로 활동하는 키즈 유튜버부터 재미로 게임이나 일상을 영상으로 찍어 공유하는 어린이까지, 다양한 수준으로 미디어 생산자가 되는 경험을 하고 있다. 자신이 만든 미디어 콘텐츠를 온라인에서 불특정 다수와 손쉽게 공유하며 새로운 표현의 기회를 누리는 반면, 이윤 창출을 기본 원리로 하는 플랫폼에서 갈등과 어려움을 겪는 경우도 있다.

대표적인 예로 키즈 유튜버에 대한 아동학대 문제를 들 수 있다. 국제 아동구호 단체인 '세이브더칠드런'은 2017년, 보람튜브 등 유튜브 채널을 아동학대 혐의로 고발했다. 실제 도로 위에서 아동이 장난감 차를 끄는 장면을 촬영하거나 보호자의 지갑에서 돈을 훔치도록 연출한 것을 아동에 대한 신체적·정서적

학대로 볼 수 있다는 이유였다. 영상 기획자가 심리적 학대에 가까운 상황을 설정해 어린이의 반응을 촬영하거나, 어린이를 위험에 노출시키는 일은 드물지 않다.

영상 제작과 공유를 통해 이윤을 창출하는 환경에서, 어린이의 미디어 생산은 단순히 자기표현이나 취미생활이 아닌 '노동'의 의미를 갖는다. 어린이 유튜버가 지나치게 많은 시간과 에너지를 영상 제작에 쏟게 만들거나 아동의 뜻을 고려하지 않고 성인(보호자)의 의지로 영상 제작에 참여하게 하는 것이 문제가 되기도 한다. 유명한 키즈 유튜버뿐 아니라 일반적으로 영상을 공유하는 어린이들도 위험 상황을 경험한다. 어린이라는 사실을 밝혔을 때 악플을 받기도 하고, 온라인에서 일어난 일이 오프라인 친구들에게까지 알려지면서 곤란을 겪기도 한다.

이에 미디어 제작 과정에서 어린이 크리에이터가 충분히 보호받고 있는지 점검해야 한다는 사회적 논의가 진행되고 있다. 유튜브 측에서도 이런 의견과 아동권리 침해에 대한 규제 결과를 반영하여 유튜브 영상에 등장하는 어린이를 보호하기 위한 장치를 도입하기 시작했다. 어린이가 주인공인 영상에는 광고를 싣지 못하게 하고, 어린이가 등장하거나 어린이를 대상으로 하는 영상의 경우 댓글창을 비활성화하는 등의 조치를 취하고 있다.

인터넷이 보편화되고 다양한 온라인 커뮤니티나 SNS가 등장했을 때 어린이는 주 이용자로 고려되지 않았다. 지금도 여러 SNS가 가입 권장 연령을 만 14세 이상으로 정하고 있지만, 많은 어린이들이 미디어를 이용하고 있다는 사실은 다양한 연구결과로 드러났고 일상에서도 확인할 수 있다. 미디어 세상은 이미 어린이와 성인이 공존하는 하나의 사회가 되었음에도, 이 새로운 세상에서 동료시민인 어린이를 어떻게 만나고 어떻게 보호해야 할지에 대한 사회적 논의는 부족한 상황이다.

미디어 환경은 많은 정보를 쉽게 접하는 동시에 미디어 이용자들이 자신도 알게 모르게 많은 정보를 생산하는 공간이다. 이와 관련하여 미디어 플랫폼에서 어린이들의 개인정보가 수집되고 활용되는 문제에 대해 다시 생각해보게 된다. 보호자가 자녀의 정보를 지나치게 온라인에 공유하는 '셰어런팅' 문제가 대두되고 있고, 어린이가 자기 계정을 갖고 참여하는 경우에는 개인정보나 이용 기록이 기업에 수집되는 등의 문제도 발생한다. 연구과정에서 만난 어린이와 청소년들은 익명성을 기반으로 활동하는 미디어에서 자신의 의도와 다르게 개인 신상정보가 공개되는 상황이 두렵다고 말한다. 내가 혹은 다른 사람이 나에 대해 남긴 정보가 자신에게 어떤 영향을 미칠지 몰라 미디어에서 표현하고 참여하는 것을 망설이기도 한다.

미디어를 이용하면서 수집된 개인정보는 플랫폼의 알고리즘에 의해 이용자에게 노출되는 정보의 종류와 내용을 알아서 결정한다. 플랫폼의 추천 알고리즘은 정보검색에 편의성을 더해 주기도 하지만, 개인의 정보 주도권을 침해하거나 개인이 접할 수 있는 정보에 격차를 만들기도 한다. 이러한 이유로 2020년 8월에 추가된 유엔아동권리협약의 「일반논평 25호」[1]에서는 아동이 디지털 세상에서 차별받지 않을 권리를 강조하면서, 알고리즘에 의한 정보 제공 시스템이 아동의 정보 접근권을 침해할 수 있음을 지적하고 있다.

안전망을 만드는 첫걸음

미디어에서 드러나는 여러 문제들은 현실 사회를 반영하는 경우가 많다. 현실 사회에서 어린이에 대한 존중과 배려의 부족은 미디어 세상에서도 되풀이된다. 오프라인에서의 갈등과 괴롭힘 역시 온라인 세상에서 재현된다. 어린이는 미디어를 통해 새로운 표현과 소통, 참여의 기회를 얻지만 그에 따르는 위험을 감당해야 하고 권리를 침해받는 경험을 하기도 한다. 아이들더러 미디어를 조심하라거나 정해진 시간 동안만 쓰라는 식의 접근은 더 이상 유효하지 않음을 우리는 안다. 그렇다면 미디어 세

---

1 유엔아동권리협약의 이해를 촉진하기 위한 유엔아동권리위원회의 해석으로, 협약의 내용을 구체화해 실질적인 이행을 돕는 지침서. 25호의 주제는 '디지털 환경에서의 아동 권리'다.

상에서 어린이의 권리가 보장될 수 있도록 어떤 노력을 할 수 있을까?

먼저 '우리'가 만들어가는 디지털 사회의 문화와 그 속에서 통용되는 암묵적인 가치가 어떠한지 성찰하는 노력이 필요하다. 이때 '우리'는 미디어를 이용하는 개인만을 의미하는 것이 아니라 미디어 기업, 사회, 테크놀로지 모두를 포괄한다. 플랫폼을 통해 미디어 생산자 경험을 하는 어린이, 또는 여러 콘텐츠를 접하며 다양한 사람들과 소통하는 어린이는 어떤 사회적 가치를 습득하고 있을까. 이를테면 영상 제작으로 이윤 창출이 가능해진 상황에서 '좋아요'를 누르거나 '구독자'가 되는 것이 '소비자는 크리에이터에게 무리한 요구를 해도 된다'는 생각으로 이어지지는 않는지 돌아봐야 한다.

상업적 논리를 기반으로 구축되고 있는 미디어 환경에 대한 고민 또한 필요하다. '주목경제'라는 말로 표현되기도 하는 지금의 미디어 환경은 이용자가 정보나 콘텐츠, 서비스에 보여주는 '주목도(혹은 이용하는 시간)'를 재화로 한다. 콘텐츠를 생산하는 사람들은 더 많은 이용자에게 주목받기 위해 선정적인 제목을 달거나 자극적인 콘텐츠를 올린다. 상업적 환경의 미디어 플랫폼을 이용하는 것이 어떤 의미인지 이해하고, 이를 어린이와 공유하는 과정이 필요하다.

그리고 지금의 미디어 세상을 우리가 당연히 받아들여야 하는 것은 아니라는 사실을 함께 생각해보면 좋겠다. 지금 경험하는 미디어 플랫폼이 우리의 생활과 의사소통에 어떤 영향을 미치는지, 우리는 해당 미디어 플랫폼에서 어떤 기능과 가능성을 원하는지 성찰하고, 보다 건강한 소통이 가능한 대안을 고민해보아야 한다.

미디어 리터러시 교육을 하면서 어린이, 청소년들과 미디어 플랫폼에 대한 '대안적 상상'을 해본 적이 있다. 유튜브에서 자주 보게 되는 선정적 콘텐츠나 섬네일(영상의 시작 이미지) 문제를 이야기하던 한 어린이는 구독자 수나 '좋아요' 수를 크리에이터에게만 제공하고 이용자들에게는 비공개되는 방식을 제안했다. 그런 정보가 없을 경우 이용자들이 보다 주도적으로 정보를 찾고 판단할 수 있을 거라면서. 이런 이야기를 나누면서 나는 그들에게 많이 배우고 감동을 받는다. 이러한 대안적 상상이 곧바로 실제 미디어 환경의 변화로 이어지기는 어렵지만, 지금의 미디어 환경이 절대불변의 것이 아니라 이용자들이 만들어가고 개선해갈 수 있는 것이라는 생각을 하는 게 중요하다.

끝으로 어린이가 균형 잡힌 온·오프라인 경험을 할 수 있도록 기성세대가 끊임없이 관심을 기울여야 한다. 유엔아동권리협약 「일반논평 25호」에서는 디지털 공간에서의 상호작용이 또래 친구들, 혹은 보호자와의 직접적인 상호작용을 대신해서는 안 된다는 것을 강조한다. 미디어 세상은 어린이들에게 새로운 가능성을 열어주지만, 온라인 경험이 채워주지 못하는 오프라인의 다양한 경험 또한 할 수 있어야 한다.

어린이의 미디어 경험은 '관리'가 아닌 '관심'이 필요한 영역이다. 미디어 세상에서 어린이들이 어떤 경험을 하고 있는지, 무엇을 좋아하고 무엇을 어려워하는지, 미디어 세상이 어린이들에게 가능하게 한 것은 무엇이고, 동시에 한계를 지어버리는(혹은 특정한 방식의 소통이나 표현, 세상에 대한 이해로 유도하는) 것이 있다면 무엇인지 어린이들과 이야기를 나누어보면 어떨까. 이것이 미디어 세상 속의 어린이를 보호하는 튼튼한 안전망을 만들어가는 첫걸음일 것이다.

(vol. 136, 2021. 7-8)

10대 여성을 위협하는
디지털 성범죄

아홉 살 딸아이가 제일 좋아하는 앱은 '틱톡'이다. '틱톡'에서 지원하는 다양한 필터, 스티커, 배경음악을 선택하고 목소리를 더빙해 흥미진진한 영상을 만들어서는 곧바로 온라인에 올린다. 자기 모습을 담은 사진이나 짧은 동영상을 공유하며 온라인 공간에 자신만의 방식으로 존재하고자 한다.

곁에서 지켜보는 양육자로서는 '감탄'과 '불안'을 동시에 느끼며 혼란스럽다. 21세기 아이답게 달라진 시대 흐름을 빨리 익

이성경 _ 엄마페미니즘 '부너미' 대표. 성교육, 폭력예방통합교육, 성평등교육 강사로 활동한다. 『페미니스트도 결혼하나요?』 『당신의 섹스는 평등한가요?』 『N번방 이후, 교육을 말하다』를 함께 썼다.

히는구나 싶다가도 'N번방 사건' 같은 덫에 걸리지는 않을까 두렵다. 자기도 모르는 사이 디지털 성범죄에 말려드는 어린 여성들이 늘어나고 있지만 사회적 안전망은 너무나 부족하다. 지난 6월 17일, 십대여성인권센터(이하 '센터') 조진경 대표를 만나 이 문제에 대해 이야기를 나누었다.

N번방 사건으로 아청법이 개정되다

20여 년 전, 조진경 대표는 성매매 피해 여성들을 지원하던 활동가였다. 대부분 10대 때 성매매에 유입된 여성들은 이 구조를 벗어나기가 어려웠다. 우여곡절 끝에 벗어나더라도 사회에 적응하기 힘들어하는 여성들을 보면서 가능한 일찍 도움을 받는 것이 중요하다는 걸 느꼈다. 아동·청소년이 성착취 환경으로 유입되는 것을 막고자 조 대표는 2012년 십대여성인권센터를 만들었다.

"제가 일하던 상담소가 성인만 지원하는 곳은 아니었는데, 도움이 필요한 아동이나 청소년은 스스로 찾아오지 않았어요. 특히나 온라인 세상에 있는 아이들은 만나기 더욱 힘들었죠. 십대여성인권센터 활동을 막 시작했을 때, 정말 놀랍도록 아이들이 사각지대에 놓여 있다는 걸 알게 됐어요."

센터 설립 후에도 활동이 순조롭지는 않았다. 사회는 성매매에 유입된 아동·청소년들을 색안경을 끼고 봤다. '자발'과 '강제' 개념을 적용해 '알선 강요받은 자'임을 입증할 수 있어야 피해자로 인정했다. 자발적으로 성매매를 했다고 분류된 경우에는 '보호처분'을 내렸다. 어릴 때부터 위태로운 환경에 노출되어 성매매에 이용되는 경우가 대부분인데, 맥락을 파악하려는 노력 없이 범죄자 취급을 했다. 성착취 피해를 입고도 당연히 신고를 꺼릴 수밖에 없었다. 피해자임에도 사회의 보호를 받지 못해 더 큰 피해를 입는 아이들을 보면서 「아동·청소년의 성보호에 관한 법률」(이하 '아청법') 개정의 절실함을 외치기 시작했다. 처벌과 보호를 구분하지 말고 둘 다 사회가 지원해야 한다는 주장이었다.

2020년 'N번방 성착취 사건'이 사회적 공분을 샀고('텔레그램 N번방 용의자 신상공개 및 포토라인 세우기' 청원 게시물은 271만여 명이 참여해 역대 최다 동의를 받았다), 그 힘으로 아청법이 개정되었다. 드디어 성매매의 대상이 된 아동·청소년을 자발성과 강제성 구별 없이 모두 피해자로 지원할 수 있게 된 것이다. 센터가 앞장서서 수년 동안 포기하지 않고 법 개정을 촉구한 결실이다.

"제가 활동하는 동안에는 개정되는 걸 못 볼 줄 알았어요. 10대 청소년이 성매매했다고 하면 '머리에 피도 안 마른 게 발랑 까져서' 그런 인식이 강했으니까요. "애네가 어떻게 피해자냐" 반감이 심했죠. 그동안 국회에서 계속 미루고 미뤄왔지만 N번방 사건이 터지고선 여론이 너무 안 좋으니까 미룰 수가 없었던 거예요. 이렇게 갑자기 법이 통과될 줄은 상상을 못 했어요."

아청법 개정 후 남은 과제는 무엇일까. 기술 발전에 따라 온라인 성범죄도 빠르게 진화하고 있다. 플랫폼 운영자의 책임을 강화하고, 미성년자 성범죄에 쓰이는 은어나 키워드를 포착해내는 데이터 기반 수사법을 개발하는 등 적극적으로 안전망을 확충하는 게 시급하다고 조 대표는 강조한다.

"사이버 안전망이 허술하니까 아이들이 범죄자에게 쉽게 낚여요. 채팅 몇 번 하고, 사진 몇 장 보낸 결과가 너무 참혹해요. 안전망 구축이 늦어지면서 피해자들이 너무 많이 발생하는데, 대부분 10대예요. 이걸 심각하게 생각하지 않고 아무것도 안 하는 게 문제죠. 10대는 실수를 통해서 성장하는 시기이기 때문에, 실수를 해도 그 결과를 혼자서 평생 떠안지 않도록 어른들이 보호망을 만들어야 해요."

진화하는 디지털 성범죄, 일상 속으로

10대 여성을 노리는 성범죄는 디지털 세계를 만나 더 교묘해지고 복잡해지고 있다. 오랫동안 성착취 피해자들을 만나온 조진경 대표는 어떤 변화를 느끼고 있을까?

"예전에는 '가출팸'이 많았어요. 가정불화 등으로 집을 나온 아이들이 모여 살다가 생활비가 필요하니까 성매매로 유인되는 방식이었죠. 지금은 굉장히 조직적이에요. 온라인상에서 심리적이나 경제적으로 취약한 아이들을 찾아서 성매매를 알선하고 회유, 위협, 강요해요. 디지털 시대니까 어디서든 누구나 쉽게 피해자가 되죠. 스마트폰을 일찍 시작하면서 피해아동 연령이 낮아진 것도 변화예요. 성착취 수법도 진화했고요. 온라인상에서 접근해 기프티콘을 보내주거나 친절히 말을 걸면서 정서적으로 길들인 뒤 성적인 대화를 유도해요. 그러다 만나자고 설득하고, 자기가 유사 성행위 하는 걸 봐주기만 하면 돈을 주겠다고 하다가, 이후에는 성폭력을 저지르는 방식이죠. N번방 사건이 우리에겐 놀랍거나 특별하지 않았어요."

조진경 대표는 '십대여성은 왜 디지털 성범죄에 노출되는가'[1]라는 글에서 한국사회가 디지털 성범죄를 '온라인상에서 벌어지는 성적 범죄'로 한정하고 있지만 실제로 디지털 성범죄는 현실 세계의 성폭력, 성매매 행위로까지 이어진다고 밝힌 바 있다. 미성년자를 대상으로 하는 디지털 성범죄는 인터넷 채팅, 랜덤채팅, SNS까지 스며들었다. 조 대표는 누구에게나 생각보다 쉽게 발생할 수 있는 일이라며 한 사례를 들려주었다.

"초등학생 여자아이가 아이돌그룹의 팬이었어요. 온라인에

---

1 한국여성정책연구원,《젠더리뷰》, Vol. 58, 2020.

서 팬 커뮤니티 활동을 하는데 그 또래 문화니까 엄마는 그냥 뒀죠. 어느 날 애가 화장실을 갈 때 문을 잠그더래요. 딸깍 소리가 나는데 기분이 찜찜해서 나중에 아이 휴대전화를 보니까 이상한 사진을 보낸 게 있더래요. 물어봤더니 아이가 팬 커뮤니티에서 어떤 남자애랑 채팅을 했는데, "우리 사귈까?" 하기에 "그럴까?" 답했대요. 그랬더니 그걸 갖고 엄마한테 이른다고 협박을 하면서 "너 사진 보내" 이렇게 된 거예요."

이미 디지털 세상은 아이들의 흥미진진한 놀이 공간이다. 디지털 성범죄의 위험성 때문에 양육자가 24시간 아이 옆에 붙어 있을 수는 없는 노릇 아닌가. 스마트폰 사용 시간을 통제하거나 접속 가능한 앱을 제한한다고 범죄를 예방할 수 있을까?

조심한다고 달라질 건 없다

성교육은 여전히 '성폭력 예방'에 집중되고 있고, 여성 청소년들이 경각심을 갖는 것으로 끝나는 경우가 많다. 예방 교육이 결국 여성 청소년들의 온·오프라인 활동 반경을 좁히는 것 아닌가 싶어 안타깝기도 하다.

"우리 사회는 여자들을 억압하는 방식으로 성범죄를 해결하려고 해요. 짧은 치마 입지 마, 밤에 나가지 마, 온라인 채팅 하지 마, 이런 식의 통제는 결국 '네가 행동을 그렇게 했기 때문에 이런 일을 당했다'는 피해자 책임론을 더 강화시킬 뿐이에요."

조진경 대표는 통제하는 방식으로는 문제를 해결할 수 없다고 단호히 말한다. 온라인으로 소통하지 말고, 너무 일찍 사랑을 추구하지 말라는 건 정답이 아니다. 이치에도 맞지 않는다. 진화하는 세상을 떠나서 과거에 살라는 말일 뿐이다. 10대 여성들의 욕구를 인정하고, 새로운 문화를 누리고 만들어갈 주체로 존중하는 태도가 먼저다.

"여기 오는 아이들에게 "왜 부모님한테 애기를 안 했니?" 물어보면 가장 많이 하는 대답이 '부모님이 실망할까봐'예요. 부모가 무엇을 기대하는지를 아는 거죠."

"네 부모에게 알리겠다"는 말이 많은 아이들에게 협박이 되는 현실을 생각해보자. 많은 양육자들이 자신의 딸은 '무성적 존재'이길 기대한다. 부모의 이런 기대를 알고 있는 아이들은 자신에게 성적 욕구가 있다는 사실이 알려지는 게 두렵고, 자신이 누군가와 친밀한 채팅을 주고받았다는 사실에 죄책감을 느낀다. 문제의 핵심은 아이들의 자연스러운 욕구를 인정하지 않으려는 어른들에게 있다.

"성착취 피해자가 되면 본인이 이미 더러워졌고 미래가 없다고 생각하니까 다 놓아버리는 거예요. 부모들부터 '왜 남자랑 채팅했니, 그런 사진을 왜 찍었니' 하면서 피해자를 탓해요. 그게 용서받지 못할 일인가요?"

조진경 대표는 범죄수법에 맞춰 수사기법을 발전시키고 제도를 개선하는 사회적 노력과 함께 양육자의 태도가 중요하다고 강조했다. 통제하는 방식을 선택하는 것은 무관심해서가 아니라, 자녀를 보호하고 싶지만 현실적으로 바쁘고 힘드니까 일단 못하게 하는 것 아니겠느냐고 양육자 입장에서 어려움을 호소했더니 단호한 대답이 돌아왔다.

　"그게 최악이에요. 가장 쉬운 방법인데 아이들한테 가장 독이 되는 거죠. 어려운 길을 선택하세요. 시간 내서 아이와 눈 마주쳐가며 자주 얘기하고, 언제나 부모가 든든한 존재로 곁에 있으면서 '어려움이 생기면 엄마 아빠한테 먼저 얘기해야지' 하는 믿음을 주는 게 중요해요. 일상을 편하게 얘기할 수 있는 분위기를 만들면 아이한테 변화가 생기는 것도 빨리 알아챌 수 있죠. 혹시 피해가 발생하면 바로 도움을 줄 수도 있고요. 그런데 평소에는 대화 한마디 없다가 이런 일이 생기면 아이가 얘기하기 쉽겠어요?"

　미성년자 성범죄가 발생하는 원인은 10대 여성들에게 있지 않다. 어린 여성을 성적 대상으로 보며 착취하는 남성들이 문제이고, 무법지대인 디지털 세상을 방관하는 사회가 문제다. 스마트폰 통제와 감시, 성적 욕망 표출 금지 등 아이를 억압하는 방식으로 디지털 성범죄로부터 비껴가려 했던 사고방식과 태도부터 버려야겠다.

"몇 년을 노력해도 안 되던 아청법 개정이 갑자기 된 이유는 국민의 관심이 모아졌기 때문이에요. 법은 통과되었지만 여전히 아이들을 유린하는 사람들이 너무 많고 그걸로 돈 버는 사람들도 너무나 많아요. 이 일에 꾸준히 관심 가져주시길 꼭 부탁드립니다."

마지막으로 하고 싶은 이야기를 물으니 조 대표는 1초의 망설임도 없이 '지속적인 관심'을 당부했다. 소수의 피해자가 아니라 우리 모두의 문제로 받아들이고 함께 안전한 울타리를 만들어갈 수 있기를 바란다.

(vol. 136, 2021. 7-8)

3부
아동학대를 멈추기 위해

일본 아동상담소 사례로 본
아동학대 예방법

현장에서 경험한 아동학대

10여 년 전, 새로운 학교에 발령을 받았다. 자주 결석하고, 등교해서는 친구들에게 무시당해서 우는 아이가 눈에 띄었다. 민정이(가명)에 대해 물어보고 함께 이야기 나눌 수 있는 사람은 먼저 학교에서 근무하던 사회복지사 선생님뿐이었다.

"엄마랑 둘이 사는데 전혀 케어가 안 돼요. 가정방문해서 엄마한테 말씀드려도 아이를 학교에 잘 안 보내시네요. 같이 아이

이효진 _ 강원도 홍천 남산초등학교 교사. 좋은 양육 환경을 만들고자 사회적협동조합에서 활동하며 아동의 성장과 발달을 이해하기 위해 발도르프교육을 공부하는 중이다.

집에 가보실래요?"

가정방문은 처음이었지만 아이가 걱정도 되고 어떤 환경에서 생활하는지 보고 싶은 마음에 따라나섰다. 낡은 단독주택 대문을 열고 담장 사이로 난 좁은 통로로 들어갔더니, 대낮인데도 어두컴컴한 집 안에는 작은 텔레비전 불빛만 번쩍번쩍했다. 민정이는 자고 있었다. 눈을 부스스하게 뜨고 졸린 얼굴로 우리를 쳐다보던 민정이는 어젯밤 텔레비전을 보다가 늦게 잠들었다고 했다.

아이 옆에, 기름이 둥둥 뜬 국물이 담긴 컵라면이 눈에 띄었다. 우리가 방문한 시간은 다른 아이들이 하교한 후였는데 그 시간까지 아이가 먹은 음식은 전날 먹은 컵라면 하나가 전부였다. 민정이가 키가 작고 마른 이유를 그제서야 알았다. 집 안에 쓰레기와 빨래, 짐들이 온통 뒤섞여 있어 발을 디딜 수가 없었다. 엄마는 일하러 가셨다고 했다.

"민정아, 오늘은 일찍 자고 내일 학교에 꼭 나오렴."

아이에게 당부하고 돌아오는데, 사회복지사 선생님은 아이 엄마가 도움을 원하지 않아 아무런 지원도 할 수 없다고 답답함을 토로하셨다. 담임교사로서 내가 할 수 있는 일은 민정이가 학교에 잘 나오도록 어머니와 연락을 자주 하고, 등교했을 때는 친구들과 잘 어울릴 수 있게 돕는 것이라고 생각했다. 관심과 애씀 덕분인지 민정이의 등교 일수는 늘어나고 학교생활도 안정되어

갔지만 그해 8월, 내가 출산휴가를 내면서 아이와 헤어지게 되었다. 지금 민정이는 어디서 어떻게 지낼까.

또 한 사례는 온라인 개학이 시작된 2020년에 경험했다. 일주일 안에 수업을 듣고 과제를 제출하도록 매일 출석체크를 하며 담임교사들이 학생들을 독려했지만 상습적으로 온라인수업에 접속하지 않는 아이들이 있었다. 학기말 교육과정 평가회 자리에서 옆반 기간제 선생님이 한 아이 이야기를 꺼냈다.

"원격학습을 안 들어서 결석 처리를 하고 있는데, 2학기에도 계속 이러면 유급될 것 같아요. 부모와 연락을 해도 그때뿐이고 계속 출석을 안 하니 너무 힘들어요."

2학기가 시작되고 얼마 지나지 않아, 복직하신 옆반 선생님은 1학기 평가회에서 언급했던 아이 이야기를 다시 꺼냈다. 아이가 결석해서 전화를 하면 어머니는 "아이가 아프다, 다른 곳에 있다"는 말로 둘러대고, 원격수업 아침에 쌍방향 플랫폼을 열어도 아이는 여전히 출석을 하지 않는다고 했다.

결국 선생님은 아동학대에 관한 자료를 준비해 가정방문을 했다. "아이를 학교에 안 보내는 것도 아동학대에 해당합니다. 이렇게 계속 학교에 안 보내고 원격학습을 안 도와주시면 신고할 수밖에 없습니다." 차근차근 설명했지만, 교사의 이야기를 전해 들은 아버지는 "내 자식 학교 보내고 안 보내고는 내 자유인데 왜 뭐라고 하냐"며 담임교사에게 항의 전화를 하고 교육청에 민원을 넣었다고 한다. 결국 장학사와의 통화, 교사의 꾸준한 설득으로 부모님은 아이를 학교에 보내려고 노력하기 시작했다. 담임선생님은 그동안 밀린 원격수업을 듣고 매일 아침 쌍방향 플랫폼에 들어오게 하는 것에 중점을 두고 지도했다. 학년 말에 그 아이는 1학기에 빠졌던 수업까지 모두 듣고 출석 일수를 채워 무사히 진급할 수 있었다.

원격수업을 들을 수 있도록 돕는 것, 아이를 학교에 보내는 것이 누군가에게는 너무나 당연한 이야기 같지만 주변을 둘러보면 그렇지 못한 가정이 의외로 많다. 이 일을 겪으며 교사로서 매년 받아온 아동학대 예방교육이나 뉴스에서 접한 사례들이 너무 강렬해서 그보다 덜 자극적이라 생각되는 사례들은 놓칠 수도 있겠다는 생각을 했다.

매년 교사들은 아동학대가 무엇인지, 그 종류에는 어떤 것이 있는지 교육을 받지만, 막상 현장에서 아동학대를 판단하고 신고하기란 참 어렵다. 아이들 사이에서 발생하는 다양한 갈등과 다툼이 모두 학교폭력이 아닌 것처럼, 어디까지 아동학대로 볼 것인지 기준이 모호하기 때문이다. 또한 아동학대 신고 후 문제가 해결된 사례보다 신고자 정보가 노출되어 보복성 전화를 받거나 신고했지만 별다른 조치가 취해지지 않은 사례, 신고 후 따라오는 힘든 뒷일을 혼자 감당해야 하는 사례가 훨씬 많은 것도 교사를 위축시키는 요인이다. 양육자에 의한 아동학대 문제에 교사가 어디까지 관여할 수 있을까. 이런 갈등 때문에 솔직히 피하고 싶은 마음도 있지만, 늘 아이들과 함께 생활하는 교사 입장에선 그럴 수도 없는 노릇이다.

일본의 아동상담소

아이들을 어떻게 개별적으로 그리고 적극적으로 지원할 수 있을지 고민하던 중 지난 1월, 우연히 실천교육교사모임에서 안도 사토시의 『나는 아동학대에서 아이를 구하는 케이스워커입니다』라는 책을 함께 읽었다. 이 책은 사토자키라는 공무원이 아동상담소로 발령받으면서 케이스워커로서 성장하는 내용을 그린 소설로, 일본의 아동상담소에서 하는 일, 케이스워커의 역할, 케이스별로 구체적인 대처법, 상담의 형식과 과정 등이 구체적으로 담겨 있다. 책을 읽으며 인상 깊었던 몇 가지가 있다.

첫째, 일본의 아동상담소는 아동학대만 전담하는 곳이 아니다. 부모가 빚을 져서 생계유지가 어렵거나 가장의 사고 혹은 지병으로 생활이 곤궁해진 가정에 대한 '양육 상담', 법률에 저촉된 행위를 한 소년(촉법소년)들에 관한 '비행 상담', 말이 늦거나 발달이 지연된 지적장애아 및 학습장애(LD, Learning Disorder), ADHD, 자폐 스펙트럼 장애까지 포함해 '발달장애에 관한 상담'까지 해준다.

아동복지법 제3조에 명시된 아동학대의 정의에 따르면 "보호자를 포함한 성인이 아동의 건강 또는 복지를 해치거나 정상적 발달을 저해할 수 있는 신체적·정신적·성적 폭력이나 가혹행위를 하는 것과 아동의 보호자가 아동을 유기하거나 방임하는 것"을 말한다. 직접적인 신체적 학대만 아동의 건강 또는 복지를 해치는 것은 아니며, 아동의 건강과 복지를 해치는 원인 또한 복합적이다. 그런 면에서 일본의 아동상담소처럼 아동과 관련한 다양한 문제를 함께 다루는 것이 매우 현실적인 대처라는 생각이 든다.

둘째, 아동학대 같은 문제가 발생했을 때 케이스워커를 중심으로 아동상담소 직원들이 모여 원조방침 회의를 한다. 사례별로 문제의 구조적 원인을 파악해 적절한 도움을 고민하고, 유관기관과 협력해 아동의 환경을 건강하게 회복시킬 수 있는 방안을 논의한다. 모든 사건에 아동학대 가해자를 처벌하고 아동을 분리하는 식으로 똑같은 매뉴얼을 적용하는 것이 최선의 해결책은 아닐 것이다. 같은 유형의 아동학대 사건일지라도 모두 다른 배경에서 다른 원인으로 문제가 발생하기 때문에 케이스별로 다르게 접근해야 한다는 사실을 잊고 있지는 않은지 돌아보게 되었다.

셋째, 교사가 전화하면 바로 현장으로 나와서 "학교는 이 역할을 해주세요. 그다음은 이쪽에서 대응하겠습니다" 하면서 아동상담소가 민원 발생의 소지를 모두 끌어안고 가는 부분이 인상적이었다. 우리나라 학교에서는 아동의 문제 상황을 전문적으로 의논하고 도움을 요청할 곳이 없다. 복지실과 상담실 사정 또한 학교마다 편차가 심하고, 대처할 수 있는 방안도 제한적이다. 교사에게 신고 의무만 강조되는 것이 아니라 실제로 도움과 상담을 요청할 곳이 있다는 자체로 든든해 보였다.

우리 사회가 얼마나 '사람' 중심으로 문제를 바라보고 해결하고자 노력하는지 돌아보았으면 한다. 가해자 처벌에만 집중하면서 온갖 법령과 매뉴얼이 넘치게 되었지만, 그럴수록 학교현장은 더 아수라장이 되어가고, 사건 발생의 빈도와 문제의 심각성 또한 커지고 있다. 아동 당사자의 기나긴 성장 과정을 진지하게 들여다보며 그 빈틈을 채울 수 있는 통합적인 지원이 필요하지 않을까?

아동중심의 지원체계

그다음 모임에서는 교사들이 그동안 겪었던 아동학대 경험을 나누고 책에 관한 생각을 공유하는 자리가 열렸다. 주된 이야기 중 하나는 '아동 관련 문제들은 아동중심으로 해결되는가'였다. 아동학대인지 아닌지 판단하고 피해의 심각성을 파악하기 위해 아이가 몇 번이나 진술을 반복해야 했다는 이야기, 아이의 문제가 복합적이어서 학교 상담실, 복지실, 교육청 위센터, 혹은 병원 등으로 연결하려 했지만 문제를 건드리는 정도에서 끝나고 실제적인 도움을 주지 못했다는 사례 등이 나왔다. 그런 면에서 책 속에 소개된 일본 아동상담소는 '행정중심 체제가 아닌, 한 아이를 중심으로 한 지원 체제'라고 할 수 있겠다는 의견이 있었다.

며칠 후 이 책을 번역한 강물결 선생님과 대화하는 시간을 가졌는데, 일본 아동상담소 70년의 역사를 정리한 책자가 발간되었다고 한다. 목차를 함께 살펴보니 비행 아동의 내면 이해를 위한 생활사적 접근, 등교 거부 아동을 위한 대처, 새로운 빈곤과 격차 사회가 낳은 아동의 발달 실상 등이 눈에 띄었다. 그동안 아동상담소를 운영하며 쌓은 노하우, 앞으로 좀 더 연구될 부분과 널리 공유할 부분, 문제의 구조적인 원인 파악 등을 위해 노력하고 있음을 알 수 있었다.

일본의 아동상담소는 인구 50만 명에 최소 1개소 정도 설치되는데, 상담소마다 관할구역이 있다고 한다. 관할구역은 그 구역 내 거주하는 아동의 수, 여러 사회적 환경 등을 고려하여 정해진다. 일본에 거주 중인 강물결 선생님도 이 책을 번역하기 전에는 아동상담소에 대해 잘 몰랐다고 한다. 하지만 선생님의 자녀가 다니는 어린이집에서 아이의 언어 발달이 느리다며 아동상담소를 알려주었고, 상담소에서 무료로 발달검사와 상담을 받은 적이 있다고 하셨다. 아동의 발달과 성장을 지원하는 아동 상담소가 가까이 있다면 아동학대를 예방할 뿐만 아니라 혼자서 힘들게 육아와 교육을 감당하고 있는 이들도 도움을 받기가 수월할 거라는 생각이 들었다.

그럼에도 좀 서글픈 사실 하나가 있었는데, 일본의 아동상담소는 지역에서 환영받는 기관이 아니라고 한다. 문제 있는 아이들이 드나드는 곳이라는 인식 때문에 마을에 상담소가 생기는 것을 반대하는 시위가 벌어지기도 한다고 했다. 우리나라에서 특수학교가 세워지는 것을 반대하는 것과 비슷한 분위기라고 볼 수 있겠다.

약한 고리를 단단하게 만드는 사회 시스템

오늘도 유치원 교사의 아동학대 신고가 접수되어 경찰이 수사에 착수했다는 기사, 다섯 살 조카를 숨지게 한 고모가 긴급 체포되었다는 기사, 생후 2개월 자녀를 학대한 남성이 벌금형에 처해졌다는 기사 등을 접했다. 기사화되지 않은 아동학대까지 합한다면 하루 동안 얼마나 많은 아동학대가 일어나는 것일까?

앞서 언급된 책에는 "어떤 인간이라도 조건이 맞아떨어지면 언제든 학대 가해자가 될 수 있다"는 말이 나온다. 아동학대를 단순히 당사자의 문제, 내가 속하지 않은 다른 세상 이야기로만 바라볼 것이 아니라 나의 이야기, 내가 속한 우리 사회의 문제, 우리 사회의 가장 취약한 고리로 바라봐야 한다.

'가장 취약한 고리' 하나가 전체 사슬의 강도를 결정한다. 약한 고리를 비난하며 끊어버린다고 문제가 개선되는 것은 아니다. 문제가 개선되지 않은 사회 속에서 약한 고리는 전반적으로 넓어지고 그 약함의 정도 또한 심해질 것이다. 아동학대를 사후 처벌로 해결하려는 시스템을 넘어서, 아동과 그 가족의 상황을 중심에 두고 서로 연대해 약한 고리를 강하게 만드는 사회가 만들어지길 간절히 바란다.

(vol. 140, 2022. 3-4)

스웨덴의 아동체벌금지법, 그 후

아무리 사소한 것일지라도

일곱 살 수지(가명)가 교실 문을 들어섰다. 오늘 따라 표정이 어두워 보인다. 친한 친구 블랜다가 밖에 나가 놀자고 손짓을 해도 묵묵부답이다. 우연히 이 광경을 본 미셸 선생님이 수지에게 다가가 조심스레 물었다.

"집에서 무슨 일 있었니?"

"아빠한테 혼났어요…."

고혜영 _ 2017년 스웨덴으로 이주해 작은 한국문화 체험방을 운영하며 스웨덴 학생들에게 한국어를 가르치고 있다.

이 얘기를 들은 선생님은 교실 뒤편에 있던 곰인형 두 개를 수지 손에 쥐어주며 대화를 이어나갔다.

"커다란 곰인형은 아빠, 그리고 작은 곰인형은 수지란다. 아빠에게 어떻게 혼났는지 설명할 수 있겠니?"

수지가 고개를 끄덕이며, 큰 곰인형의 손으로 작은 곰인형 머리를 한 대 툭 쳤다. 바로 그날, 수지의 부모님은 학교에 불려가 그 일에 대해 상담을 했다. 스웨덴의 아동체벌 금지 정책에 아직 익숙하지 않은 어느 한국 가정의 이야기이다.

스웨덴에선 아이들에 대한 정신적 학대나 물리적 체벌을 엄격하게 법으로 금지한다. 한국 부모들에게 익숙한 '맴매'나 '사랑의 회초리' '꿀밤' 같은 행동도 이 나라에서는 당연히 물리적 체벌에 해당된다. 초등학교 2학년에 입학한 딸아이가 가져온 첫 학부모 알림장에도 '스웨덴에서는 모든 아동학대를 법으로 금지하며, 아이가 체벌당한 사실을 학교에 이야기할 경우 (아무리 사소한 것이라 해도) 학교는 반드시 관할 기관에 보고할 의무가 있다'는 글귀가 적혀 있었다.

스웨덴은 세계에서 처음으로 아동체벌을 법으로 금지한 나라다. 1970년대 부모의 체벌로 자녀가 사망하는 사건들이 언론에 보도되자 정부는 아동권리위원회를 조직해 체벌 금지 입법안을 의회에 제출했고 스웨덴 의회는 1979년 세계 최초로 '아동체벌 금지'가 명시된 「어린이와 부모 법Children and Parents Code」을 탄생시킨다. 이 법을 제정한 후, 가정을 비롯한 스웨덴의 모든 곳에서 아동에 대한 체벌이 금지되었다.

하지만 이 과정이 순조롭지만은 않았다. 당시 의회가 법을 추진할 때에는 '무모한 실험이다' '이러다 가정이 해체된다' '모든 부모를 범죄자로 여긴다' 등 부정적인 반응이 언급되며 입법에 난항을 겪었다. 당시 정부는 법의 필요성을 국민들에게 알리기 위해 대대적인 홍보를 했다. 이 법안에는 체벌에 대한 금지 조항도 있지만 이에 앞서 지속적이고 다양한 프로그램을 제공해 가정 내의 문제 해결을 위해 국가적으로 지원하는 것이 근본적인 목적임을 강조하면서 국민들 사이에서 '아동체벌 금지'라는 합의를 도출할 수 있었다.

아동체벌금지법 제정이 불러온 변화

법 제정 이후 아동이 보고하거나 공공기관, 이웃, 주변 사람들에 의해 아동학대 정황이 발견되면 그 즉시 전문가가 적극적으로 개입해 사건을 둘러싼 여러 환경적 문제점을 깊이 있게 살피고 해결 방안을 모색한다.

그렇다고 체벌하는 부모가 기소당하는 일이 많이 늘어났을까? 실질적으로 그렇지는 않다. 법의 목적이 때리는 부모를 벌하는 것이 아니라, 사회적으로 '아이는 독립적인 존재이며 이에 따른 권리를 갖는다'는 인식을 끌어내고 가정의 문제를 국가 차원의 교육적 지원으로 해결하는 것이기 때문이다.

한국에서 스웨덴으로 이주한 지인 가족은 일주일에 한 번 가족상담Familjebehandlare을 받는다. 아이가 학교에서 친구와 이야기하던 중에 "한국에서 엄마한테 맞은 적이 있다"는 말을 무심코 내뱉었는데, 우연히 그 말을 들은 선생님의 보고에 의해 반강제적으로 가족상담을 받게 되었다고 한다. 지인 부부는 전문상담사를 만나 아이를 칭찬하는 법, 갈등이 있을 때 감정을 서로 나누는 법, 아이와 대화하는 법 등에 대한 조언을 들었다. 가족상담은 국가에서 지원하는 가정 돌봄의 일환이기 때문에 모두 무료이며, 이민자의 경우 통역사도 동석한다. 전문가와 지속적인 상담을 하면서 지인은 아이와의 관계가 더욱 돈독해졌다고 한다. 아이가 감정을 표출할 때, 아이 입장에서 먼저 생각하게 된 것이 자신의 가장 큰 변화라고 했다.

이처럼 스웨덴에서의 아동체벌금지법은 아동의 체벌, 가정 내에서의 갈등과 폭력, 그리고 이와 얽힌 수많은 문제점을 개인의 가정사로 국한하지 않는 것이 그 특징이다. 법적으로는 부모법, 학교법, 형법 및 청소년 보호에 관한 특별 조항을 포함한 법으로 아동체벌 금지를 보장하고, 전국범죄예방위원회, 아동을 위한 전국옴부즈맨, 아동복지협회, 지방자치단체 등 다양한 지역 관할 기관과 민간조직이 협력하여 아동폭력에 대한 통계를 수집하고 모니터링한다.

특히, 「청소년 보호에 관한 특별조항The Act with Special Provisions on Care of Youth: LVU」에 의해 부모의 심각한 학대 정황이 발견된 경우에는 부모 동의 없이 정부가 아동을 분리하여 위탁할 수 있다. 또한 아동학대 예방 차원에서 여러 차례 부모교육을 실시하고, 1~3세의 영유아를 위한 국공립 및 민간보육시설에서는 아동 5명당 2인의 보육교사를 두어 혹시 모를 아동학대 정황을 관리하고 있다.

논쟁은 자유롭게, 가치는 일관되게

촘촘한 사회 시스템만큼이나 스웨덴에서는 문화적으로도 아이들의 말을 신뢰하고 존중하는 분위기인데, 최근엔 이에 대한 역작용을 걱정하는 목소리도 나오고 있다. 스웨덴으로 이주한 뒤 얼마 지나지 않아 나 또한 그러한 일을 접하게 되었다.

하루는 아홉 살 딸아이가 교장선생님과 면담을 하게 되었다. 이유를 들어보니 같은 반 친구가 "선생님이 자신의 팔을 세게 잡았다"며 교장선생님에게 보고했고, 딸아이는 그 현장의 목격자로 교장실에 불려간 것이었다.

교장선생님은 아이에게 무슨 일이 있었는지 본 것을 자세히 이야기해달라고 요청한 후, 매우 중요한 질문을 할 테니 대답해

달라고 부탁하였다.

"선생님이 친구의 팔을 세게 잡아서 친구를 아프게 한 것에 대한 너의 감정을 솔직히 얘기해줄 수 있겠니?"

"친구가 아프다고 하니 제 마음도 아픈 거 같아요!"

교장선생님의 질문에 딸아이가 한 대답이다. 이후 그 선생님은 곧바로 다른 선생님으로 대체되었고 얼마 지나지 않아 학교를 그만두었다. 학생의 팔을 세게 잡아 직장을 잃은 선생님의 이야기를 접하니 혼란스러웠다. 스웨덴이라는 나라에 살면서 한국인의 정서를 갖고 있는 나로선 정리되지 않은 생각들이 교차할 때가 있다. 아이에게 무한한 사랑을 주고 싶지만, 아이의 감정을 존중한다는 명목 하에 자기만 아는 이기적인 아이로 키우게 될까봐 두렵기도 하다. 아이를 바르게 키운다는 건 정말 쉽지 않다.

지하철역 에스컬레이터 앞에 누워 있는 아이, 공원에서 흙탕물을 뒤집어쓴 아이, 가게 유리창에 얼굴을 대고 혓바닥으로 핥는 아이, 비탈진 언덕에서 데굴데굴 몸을 굴리는 아이들을 스웨덴에서는 어렵지 않게 볼 수 있다. 하지만 이런 아이들 옆에서 "안 돼!" "하지 마!" 같은 말을 하며 제지하는 부모는 찾아보기 힘들다. 보통은 아이들이 놀이를 끝낼 때까지 기다려주고 지켜봐주는 부모들이 대부분이다.

한 차례의 꾸지람이나 질책도 아동폭력으로 간주하는 스웨덴의 아동체벌 금지 정책은 아이의 행복과 감정, 의견을 존중하는 긍정적인 역할도 했지만, 아이를 바르게 양육할 의무가 있는 부모의 권위, 어른의 권위를 상실하는 부작용을 낳았다고 혹자는 이야기한다. 스웨덴의 정신과 의사 다비드 에버하르드는 『아이들은 어떻게 권력을 잡았나』라는 책에서 스웨덴의 양육과 교육방식에 대한 우려를 토로하며 부모로서의 권위 회복을 촉구했는데, 이 책은 출간 후 팽팽한 찬반 여론을 형성하며 사회적 반향을 일으키기도 했다.

그럼에도 아동체벌금지법에 대한 논쟁이 일 때마다 스웨덴 사람들이 자주 언급하는 일화가 있다. 『말괄량이 삐삐』로 유명한 스웨덴의 국민 작가 아스트리드 린드그렌이 들려준 이야기이다.

체벌이 아이 양육에 필수적이라고 생각하던 젊은 엄마가 있었습니다. 어느 날 어린 아들이 잘못된 행동을 하자 아이에게 숲에 가서 회초리로 쓸 자작나무를 찾아오라고 했습니다. 오랜 시간이 지난 뒤 아들은 손에 돌멩이 하나를 든 채 돌아와 눈물을 흘리며 말했습니다. "자작나무는 못 찾았지만 여기, 엄마가 저한테 던질 수 있는 돌이 있어요."

아들은 이렇게 생각했겠지요. '엄마는 내가 상처 입기를 원하니 회초리 대신 이 돌멩이를 써도 되겠지.' 엄마와 아들은 서로 끌어안고 한참을 울었습니다. 이후 엄마는 그 돌을 주방 선반에 올려두고 바로 그 순간에 했던 평생의 약속을 상기합니다.

여러 논쟁과 우려를 수반하면서도 스웨덴에서 아동체벌 금지에 대한 사회적 가치와 합의는 아들이 가져온 돌을 주방 선반에 올려둔 엄마의 이야기처럼 일관되게 지켜지고 있다. 핵가족이 보편화되고 개인주의가 팽배한 사회에서 어린이에 대한 책임을 모든 시민이 나누며 '아동체벌 절대 금지'라는 합의점을 이끌어낸 스웨덴의 사회 시스템에서 공동체적 책임과 보살핌이 느껴진다.

초기에는 정부를 중심으로 시행되던 다양한 아동보호 서비스 또한 자발적인 부모 협력체를 통해 이루어지는 경우가 늘어나고 있다. 부모가 자녀와 함께 참여하는 열린 유아학교Open-preschool에서는 교육 프로그램을 부모와 교사들이 함께 의논해 운영하기도 한다. 탁아모에 의해 운영되는 가정탁아family day care는 한 부모의 집에서 여러 명의 이웃 아이들을 함께 돌보는 것으로, 어린 자녀가 있는 맞벌이 가정에서 많이 이루어진다. 갓난아기 때부터 아이를 집에서 오롯이 혼자 키워내는 것이 아니라 다양한 보육 프로그램과 부모들의 자발적 참여, 아동체벌 금지라는 합의를 기반으로 아이를 함께 키우는 문화가 사회적으로 보편화되어 있다.

최근 한국에서도 아동체벌 금지에 대한 여론이 높아지며 2021년 1월에는 자녀 체벌을 금지하는 민법 개정안이 국회를 통과했다는 소식을 들었다. 법 제정을 두고 '그러면 훈육은 어떻게 하는가'에 대한 이견으로 충돌하는 모습이 보인다. 앞으로도 더 다양한 의견이 나왔으면 한다. 활발한 논의와 관심, 논쟁과 우려는 사회적 합의점에 다다르기 위한 과정이며 변화의 신호라고 생각하기 때문이다. 서로 다른 생각 안에서 한국 사회에 가장 적합한 아동보호 정책이 사회의 안전망으로 자리 잡기를 희망한다. '내 아이'가 '우리 아이'로 인식되어 서로가 서로를 돌보는 사회가 되길 바란다.

(vol. 135, 2021. 5-6)

위기아동, 즉각분리에 앞서

2021년 3월 30일부터 1년 이내에 아동학대 2회 이상 신고 시 가해 의심자와 아동을 즉시 떼놓을 수 있는 '즉각분리제도'를 지방자치단체에서 시행하고 있다. 하지만 당사자 아동과 현장을 전혀 고려하지 않은 법 개정이었다는 비판의 목소리가 크다. 현실적으로 아동학대를 예방하고 적절한 조치를 하기 위해서는 어떤 정책과 행정구조가 필요할까. 여성, 장애인, 아동 등 스스로를 변호하기 어려운 이들의 법률대리인으로 활동하며 아동복지 개선을 위해 목소리를 높이고 있는 장애인권법센터 김예원 변호사를 만나 이야기를 나누었다. _편집실

김예원 _ 세 아이를 기르며 장애인권법센터에서 사회적 소수자와 연대하는 일을 하고 있다. 『이상하지도 아프지도 않은 아이』『상처가 될 줄 몰랐다는 말』을 썼다.

아동학대 현장의 어려움

아동학대 같은 경우 아동의 자아 정체성이 형성되는 시기라 조금 더 섬세하게 접근해야 할 것 같은데요, 어떤가요?

아동학대 사건은 당사자성이 워낙 취약하고 사건의 증거가 가해자 위주로 편중되어 있어요. 가령 양육자에게 학대를 당해도 그게 범죄라는 걸 아동이 인식하기도 어렵고, 주체적으로 이야기하기가 어렵죠. 그래서 세심한 접근이 필요해요. 말로 표현하기 어려워도 비언어적 표현은 할 수 있거든요. 아동과 가까워지면 비언어적 표현을 관찰할 수 있어요. 그런데 이번에 법이 경직된 방향으로 바뀌어서 아동과 가까워지려는 노력조차 할 수 없는 구조가 됐어요.

올해 3월부터 학대 피해아동을 보호조치할 때까지 가해 의심자와 즉각 분리하는 제도를 시행하고 있지만, 현실을 전혀 고려하지 않은 정책이라는 비판도 받고 있어요.

2019년 기준으로 경찰, 아동보호전문기관, 지자체 등을 통해 약 4만5천 건의 아동학대 신고가 들어왔어요. 그중 3만 건 정도가 아동학대 판정이 났죠. 그 3만 건을 들여다보면, 사망 사건이

42건이에요. 당연히 공분을 살 일이지만, 언론에서 지나치게 자극적으로 보도한 면이 있어요. 언론이 0.13% 정도의 사건을 확대재생산하면서 정책을 만드는 사람들은 그 사건에만 집중하니까 현장을 더 어렵게 만드는 정책이 나오는 거예요. 실제로는 아동의 인권을 퇴보시키는 법과 정책이죠. 특히 2회 신고 시 아동을 기계적으로 즉시 분리한다, 이 방법은 어른들 편하자고 만든 말도 안 되는 제도예요.

어느 나라도 이런 식으로 아동을 분리하지 않아요. 아이를 한 번 보고 위험해 보인다고 즉각 분리하면 아이와 연락을 취할 방법도 없고 아이의 욕구도 제대로 파악할 수도 없어요. 분리 이후에 적응을 못하는 것 같으면 아이를 이곳저곳으로 옮기게 되는데, 기간 제약이 없어서 누구도 책임지지 않아요. 아동학대 담당 공무원도 순환보직이라 지속적으로 책임감 있게 일하기 어려운 구조이구요.

가까운 일본의 경우, 아동학대를 엄벌해야 한다는 취지는 우리와 같지만 분리를 할 때 아동보호전문기관 담당자가 2개월의 기간을 두고 융통성 있게 분리 조치를 할 수 있어요. 그 2개월 동안 증거를 모으거나 부모교육을 실시해요. 부모와 단번에 떨어지면 아이가 불안하니까 부모와 면담할 수 있는 기회도 보장해주고요. 2개월을 넘기는 분리 결정은 법원이 하기 때문에, 이 결정에 항의하고 싶으면 법원을 상대로 다퉈야 하는 구조라서

기한 예측이 비교적 가능하고, 아동이 갑작스러운 변화를 겪더라도 심리적 불안을 줄일 수 있는 여러 장치들이 있어요. 우리나라는 그런 장치가 미흡하죠. 분리 기준도 불분명하고 아이의 욕구를 파악하거나 거처 변동을 확인할 수 있는 체계가 없는 상황에서 법만 바꿔버리니까 실무를 진행해야 하는 현장은 폭격을 맞은 것처럼 느껴지는 거예요.

현장에서 겪는 가장 큰 어려움은 구체적으로 무엇인가요?

현재 아동학대 사건을 몇십 건 담당하고 있는데, 법이 바뀌면서 연락해야 하는 사람들이 정말 많아졌어요. 이전에는 경찰, 아동보호전문기관에 연락을 했다면 지금은 아동이 분리되어 머무는 쉼터에도 연락해야 하고, 정서적 문제를 겪는 아동의 경우 정신과 진료를 위해 병원 담당자와도 연락을 해야 하죠. 사건에 따라 연락해야 하는 경찰서, 경찰청 담당자가 달라지기도 하고요. 아동 한 명을 분리하는 데 보호자, 쉼터, 아동보호전문기관, 경찰, 병원, 학교 관계자 등 일고여덟 명과 소통을 해야 해요. 게다가 각자 사용하는 전산 시스템이 달라서 정보 공유가 어렵기 때문에 시간과 노력이 너무 많이 들어요.

또, 아이 입장에서는 관련 기관의 어른들이 돌아가면서 찾아와서는 같은 질문을 대여섯 번씩 하는 거예요. 사건별로 정보를 취합할 수 있게 단체 채팅방이라도 만들면 좋겠어요. 아이를 여러 번 괴롭게 만들지는 않을 테니까요. 아이들이 갑자기 부모와 분리된 채 기약도 없이 몇 년 동안 안정된 환경에서 살지 못하는 구조를 만들어놓고 법 하나 만들었다고 생색내서는 안 된다고 생각해요.

현장에서 주도적으로 움직여야 하는 세 집단이 있어요. 경찰, 아동학대 전담 공무원, 아동보호전문기관 종사자들인데요. 그중 공무원 같은 경우는 순환보직이라 아동학대 담당부서를 기피할 수밖에 없어요. 제가 진행하는 한 사건의 경우 6개월 동안 아동보호전문기관 직원이 세 번 바뀌었어요. 현장이 이 정도로 불안정한 상태인 거죠.

그런데 정작 아동학대 관련해서 협약식 하고 보도자료 내는 사람들은 아이 얼굴이나 살았던 집 한번 제대로 본 적도 없어요. 사례 판단을 한다고 간담회나 사례회의를 하기도 하지만, 해당 아동의 삶을 전혀 모르는 사람들이 모여서 수당을 낭비하고 있는 거죠. 이렇게 쉽게 한 아이의 인생이 결정되는 동안 누구도 제대로 책임지는 사람이 없어요. 실제로 아이 인생에도 아무런 도움이 되지 않는 방식이에요.

당장 긴급분리가 필요한 사안은 대단히 드물어요. 실제로는 양육방식의 변화라든가 가정에 필요한 복지지원 등을 연계해서 풀어야 하는 문제인데, 0.13%의 사망 사건을 기준으로 정책을 만드니까 대다수 아동에게는 도움이 되지 않는 결과가 만들어지는 거예요. 현장에 재량권을 주고 전문성을 키울 수 있는 구조를 만드는 게 아니라 무조건 매뉴얼을 내려보내고 이대로 따르지 않으면 벌을 준다는 식이어서는 안 되는 거죠. 물론 매뉴얼이 필요하긴 하지만, 경직된 구조에서는 일을 제대로 할 수 없고 아무도 책임지지 않게 되어버려요.

아동을 안전하게 분리하는 '적시분리'

즉각분리제도 시행 이후 분리된 아이들은 어떻게 지내고 있나요?

부당하게 분리됐다는 제보가 이틀에 한 번씩 들어와요. 세 살 아이를 부모에게 말도 안 하고 어린이집에서 바로 데려가는 경우도 있었다고 해요. 즉각분리제도는 일종의 행정처분인데, 행정처분이 갖춰야 할 여러 요건이 있어요. 정보 공개가 되어야 하고, 이의 신청이 가능해야 하고, 기한을 명시해야 하죠. 지금의 아동복지법 제15조 제6항의 일시보호제도는 행정이 갖추어야 하는 이러한 기본적인 요건을 지나치게 생략하고 있어요. 언론에서도 학대받는 아동은 즉각적으로 분리가 되어야 안전하다고 호도하는 경향이 심했어요. '즉각분리'가 아니라 '적시분리'가

올바른 방식이라고 봐요. 분리가 꼭 필요한 아동을 적절한 시기에 안전하게 분리하는 게 훨씬 중요하죠.

분리 방식 이외에도 아동이 갈 수 있는 보호소가 현저히 적고 현장 관계자들의 정보 공유가 어려운 문제 등 허술함이 많아 보이네요. 앞으로 어떤 방향으로 나아가야 아동에게 실제적인 도움을 줄 수 있을까요?

즉각분리제는 위헌적인 제도예요. 유엔아동권리협약 위반이기도 하고요. 졸속으로 만들어진 제도는 정당성이 취약하고 허점이 많을 수밖에 없어요. 현재의 제도는 그 허술함 때문에 많이 배우고 돈 좀 있다는 사람들이 오히려 교묘하게 빠져나갈 수 있어요. 못 배우고 가난하고 관공서에서 목소리 한번 높이는 게 큰 죄라고 생각하는 사람들이 희생양이 되는 거예요.

저 역시 가해자를 엄벌해야 한다는 데는 동의하지만, 기계적인 분리는 아동에게 부정적인 면이 더 많기 때문에, 원칙으로 돌아가서 사법적 심사를 받고 아동이 안전하게 지낼 수 있는 방법을 찾아보자는 거죠. 이를테면, 아동을 분리하는 게 아니라 가해자를 다른 곳으로 보내는 제도가 이미 있거든요. 그 법이 만들어진 지가 벌써 8년째인데, 굳이 아동을 다른 곳으로 보내는 건 피해자를 벌 주는 거나 마찬가지예요.

가해자를 다른 곳으로 보내는 제도가 왜 현실에서는 구현이
안 되고 있나요?

이 제도를 실현하려면 판사가 임시조치 신청을 받아줘야 해
요. 서류를 구비해서 보내고 결정이 되기까지 기다려야 하죠. 그
게 어려운 거예요. 즉각적으로 분리해야 할 필요가 있는 사건일
수록 사법적 판단을 가볍게 여기면 안 되죠. 법원에서 하는 대표
적인 사법적 판단으로 피해아동보호명령이 있는데요. 이 명령
의 효력은 행정기관에는 미치지 않아요. 그래서 피해아동보호
명령이 종료된다고 행정처분이 자동적으로 종료되어 아이가 집
에 갈 수 있는 상황이 되는 것은 아니에요.

더욱이 아동학대 법체계가 대단히 어려워요. 아동학대처벌
법과 아동복지법, 두 가지 법을 서로 잘 연동해서 이해해야 하기
때문에 저 역시 10년째 이 일을 하는데도 매번 법조문을 찾아보
는 편이에요. 아동학대 사안은 단순히 수급자에게 복지 서비스
제공하듯이 판단해서는 해결이 어려워요. 범죄와 복지가 복합
적으로 얽혀 있으니까요. 그런데도 단순하게 '복지 대상자가 아
동이고 위험해 보이니까 국가가 데리고 있겠다는데 무슨 문제
인가?'라고 한다면 그건 무책임한 결정인 거예요. 아이는 물건
이 아니잖아요.

분리보다 중요한 건 예방

지난해 발생한 서울 관악구 아동학대의 경우 처음에는 살인죄였다가 최종적으로 아동학대 치사 판정을 받았어요. 그 부모도 아동학대 피해자이면서 지적장애가 있고 경제적으로 취약한 상태였고요. 도움 없이 아이를 잘 키우기 어려운 상황인 거죠. 아동학대 문제가 정말 단순하지 않다는 걸 보여준 사건 같았어요.

우리나라는 아동을 바라보는 시선이 무척 분절되어 있다고 느껴요. 사람들은 학대 피해 아동은 불쌍하기 때문에 무조건 보호해야 한다고 말하면서 또 범죄를 저지른 아이들은 촉법소년[1] 연령을 낮추어서라도 엄벌에 처하고 사회에서 퇴출시켜야 한다고 말하죠. 사실 둘은 연결되어 있을 가능성이 커요. 죄에 대해선 당연히 벌을 받아야 하지만 지원 또한 받아야 해요.

아동학대 사건은 나와 전혀 다른 부류의 사람들이 저지르는 일이라고 생각하기 쉽지만, 일본의 아동학대 전담 공무원 안도 사토시는 "아동학대는 누구나 조건이 맞으면 할 수 있는 범죄"

---

[1] 법령에 저촉되는 행위를 한 만 10세 이상 14세 미만 소년. 이들은 형사처분 대신 소년법에 의해 보호처분을 받게 된다. 최근 윤석열정부에서 촉법소년 기준 연령을 낮추는 방안을 검토하고 있다.

라고 말해요. 부부 사이에 불화가 있거나 경제적으로 안 좋아졌거나 아이가 기질적으로 예민해서 돌봄에 지쳤다거나…. 문제가 복합적으로 발생하면 약자에게 분노를 표출하게 되는 거죠.

도움이 필요한 가정을 찾아 지속적으로 지원하는 식으로 사례 관리를 철저히 하면 아동학대를 어느 정도 예방할 수도 있겠네요. 동시에 돌봄이나 복지 관련 업무를 담당하는 분들의 처우도 개선할 필요가 있지 않나 싶어요.

우리나라는 복지부 예산의 0.03%를 아동학대 관련 예산으로 쓰고 있어요. 전체의 0.1%도 안되는 예산이죠. 이런 상황에서 아무리 아동학대 전담 공무원을 확충한다 해도 지속 가능할지 의문이에요. 지원이 필요한 가정의 사례를 관리하고 아동이 가정으로 복귀한 후 잘 지내는지 지속적으로 모니터링하는 일은 즉각분리보다 훨씬 더 중요한 일이에요. 그런데 최저임금에 가까운 급여를 주면서 몇백 가구를 돌아다니며 관리하라는 건 말이 안 돼요. 그러다 사건이 발생하면 직급 높은 사람이 나와서 "가슴 아프다, 다시는 이런 일 없도록 하겠다" 의미 없는 사과만 하고 간담회 같은 거 열면서 예산을 이상한 데 쓰는 걸 보면 화가 나죠.

광역 단위의 적극적 개입이 중요하다고 생각해요. 만약 제가 도지사라면, '애 키우기 너무 힘들어요 센터' 같은 걸 만들고 싶어요. 양육자의 필요가 함축된 이름으로 만든 센터에서 맞춤형으로 사례 관리를 하는 거예요. 지금은 육아 지원 같은 것도 본인이 다 알아보고 서류를 보내야 되거든요. 이런 과정을 맞춤형 센터에서 대신 해주면 아동학대 예방 효과도 있을 거라고 생각해요. 아동보호전문기관은 가해자, 피해자 관점에서 사안을 바라보게 되는데, 그보다는 당사자인 아이에게 집중해서 이 아이는 어떤 걸 가장 좋아할까, 무엇을 즐거워할까 같은 관점으로 지원하는 일이 필요하지 않나 싶어요.

앞으로 개선해야 할 부분이 참 많네요. 그럼에도 현장에서 아동을 돕기 위해 애쓰는 분들께 하고 싶은 이야기가 있다면 무엇일까요.

아동학대 사건 중에 가해자가 부모인데 아이한테 휴대전화가 없는 경우가 여러 번 있었어요. 이런 사건은 부모에게 전화해서 아이를 바꿔달라고 할 수가 없잖아요. 어떻게 연락을 해야 하나 고민하다 아동보호전문기관을 통해 부모에게 미리 양해를 구하고 아동을 만나러 학교에 갔어요. 학교에 공문을 보냈기 때문에 담임선생님도 아이가 자연스럽게 빠져나올 수 있게 협조를 해줬어요. 반 아이들도 특별히 관심을 갖지 않게 말이죠.

그렇게 아이를 만나면 일단 같이 아이스크림 먹으면서 놀아요. 그런데도 아이가 경직되어 있으면 근처 아파트 놀이터 같은 곳에 가서 그냥 수다 떨면서 같이 낄낄거리며 시간을 보내죠. 그러고 나면 아이가 말을 하기 시작해요. 당사자가 입을 열면 사건을 훨씬 수월하게 풀어갈 수 있어요.

적어도 아동학대 관련 업무를 맡은 분이라면 시간을 내서 아동과 직접 만나려는 노력을 하면 좋겠어요. 우리는 아동의 목소리를 들을 필요가 있어요. 특히 법을 바꾸고 정책을 만드는 분들이라면 꼭 아동의 목소리를 들어야 하지 않나 싶어요.

무척 아픈 말인데, '인권은 피를 먹고 자란다'라는 말이 있어요. 그런데 우리 사회의 아동인권은 그렇지 않은 거 같아요. 피해자는 계속 발생하는데 오히려 퇴보한다는 느낌을 받아요.

(vol. 136, 2021. 7-8)

훈육과 체벌, 그 아찔한 경계에서

무의식에 자리한 양육 방식

장염에 걸린 둘째를 데리고 병원에 갔는데, 젊은 엄마가 세 살 정도 된 남자아이와 대기실에 앉아 있었다. 진료를 기다리다 지친 아이는 기저귀를 찬 엉덩이를 씰룩거리며 여기저기 뛰어다니다가 옆 사람의 가방을 떨어뜨렸고, 가방 안의 소지품이 바닥에 쏟아졌다. 아이 엄마는 급하게 뛰어와 죄송하다고 사과를 하고는 예민한 말투로 아이에게 이야기했다. "엄마가 병원에서

이수경 _ 세이브더칠드런 국내사업부장, 부모교육 심화과정인 '긍정적으로 아이 키우기' 강사. 초등학교 다니는 두 아이의 권리를 존중하며 키우고자 노력하고 있다.

는 돌아다니지 말고 가만히 앉아 있으라고 했지요!" 그러고는 손으로 아이의 등짝을 내리치는 것이 아닌가. 아이는 소스라치 듯 울음을 터트렸고, 엄마는 아이를 번쩍 안아 복도로 데리고 나 갔다. 엄마는 자녀가 상대방을 존중하는 언어 습관을 기르기를 바라며 평상시에도 존댓말을 썼을 테고, 자녀가 남에게 폐를 끼 쳤으니 잘못을 바로잡기 위해 등을 때렸을 것이다. 그런데, 공공 예절을 가르치기 위한 엄마의 그 행위는 과연 옳다고 볼 수 있을 까.

근래 아동양육에 관심이 집중되고 있다. 전문가들이 나와 양 육 솔루션을 제공해주는 방송 프로그램도 많고, 서점에는 참고 할 만한 양육서가 쏟아진다. 그러나 우리 아이는 책과 TV에 나 오는 아이와 다르고 문제 상황도 같지 않아 제시된 대로 적용하 기는 어려울 것이다. 결국 우리가 활용하는 양육 기술은 대부분 자신의 부모로부터 습득된 것이며 자연스럽게 그 경험을 투영 해 자녀를 키우게 된다. 지리적 특성, 기후 환경 등 다양한 여건 에 따라 오랫동안 삶의 방식이 만들어지고 전통과 문화라는 이 름으로 계승되는 것처럼 말이다.

1970~80년대는 선진국으로 발돋움하기 위해 온 국민이 허리 띠를 졸라매며 개인보다 공동의 가치와 이익을 우선시하던 시 대였다. 그 가치관은 자녀 양육과 교육에도 영향을 미쳤다. 학창 시절을 돌아보면 몸이 아픈데도 엄마는 "책상에 엎드려 있더라

도 학교에 가!" 하며 등 떠밀어 학교를 보냈다. 중고등학생 때는 발목이 보이게 바지를 접어 입거나, 머리카락이 귀밑으로 3cm 이상 내려오면 교문 앞에서 벌을 서기 일쑤였고 학생부 선생님에게 따귀를 맞는 일도 있었다. 심지어 어떤 학부모는 교사에게 이런 부탁을 하기도 했다. "선생님, 우리 애 호되게 때려서라도 사람 좀 만들어주십시오!"

그 시절 아이들은 맞아야 정신 차리고 사람이 된다는 얘기를 당연한 말로 듣고 자랐다. 아동인권이라는 것은 생각할 여지도 없었다. 지금은 그때보다 시민의식이 많이 성장했지만 여전히 훈육이라는 명목으로 체벌이 이루어진다. 그런가 하면, 일부 양육자는 아이를 위한다는 명목으로 과보호를 하는 등 양육 방식이 혼재해 있다. 양육에 대한 고민과 성찰이 필요한 시기다.

아동을 바라보는 패러다임의 전환

본래 훈육은 '품성이나 도덕 따위를 가르쳐 기름'이란 사전적 의미를 가지고 있다. 그러나 훈육과 체벌이 혼재하는 문화 속에 안전하게 보호받아야 할 아동들이 가까운 이들로부터 학대를 받고 있다. 2019년 발생한 아동학대 30,045건 중 79.5%가 가정에서 발생했고, 가해자 또한 부모가 75.6%[1]를 차지하고 있다.

다행히 2021년 1월 국회 본회의에서 민법의 '징계권' 관련 조항이 삭제되었다. 민법 915조 '친권자가 자녀를 보호·교양하기 위해서는 필요한 징계를 할 수 있다'는 조항은 그동안 자녀를 체벌하는 부모들에게 명분을 제공해왔다. 이 조항이 삭제됨으로써 훈육을 빌미로 자녀들에게 공공연히 행해졌던 체벌을 금지할 수 있는 계기가 만들어졌다. 그러나 지금도 많은 부모들이 체벌하지 않고 아이를 바르게 훈육하는 방법에 의문과 어려움을 느낀다.

일반적으로 체벌이라 하면 신체에 물리적 힘을 가하는 걸 먼저 생각하지만, 아동권리 실현 기관에서는 신체적 처벌뿐만 아니라 아동에게 소리를 지르는 행위, 아동의 의사를 무시하거나 수치심을 주는 행위, 윽박지르며 위협하는 행위 등도 체벌이라고 본다. 체벌과 긴밀하게 연결되어 있는 아동학대란 "보호자를 포함한 성인이 아동의 건강 또는 복지를 해치거나 정상적 발달을 저해할 수 있는 신체적·정신적·성적 폭력이나 가혹 행위를 하는 것"과 "아동의 보호자가 아동을 유기하거나 방임하는 것"으로 아동복지법 제3조에 정의되어 있다.

많은 부모들이 훈육과 체벌의 경계에서 갈등을 겪는 경우가

---

1 〈2019년 아동학대 주요통계〉, 보건복지부.

많다. 차라리 이럴 때는 육아 혹은 훈육에 대한 확실한 매뉴얼이 있다면 좋겠다는 생각도 하게 된다. 그러나 모든 아동이 다르고 상황이 다르기에 모든 순간에 찰떡같이 활용할 수 있는 매뉴얼은 있을 수 없다. 체벌 없이도 자녀를 잘 양육하기 위해서는 부모가 자녀를, 성인이 아동을 대하는 패러다임을 바꾸는 것이 선행되어야 한다.

아동권리에 민감하게 반응하기

이전에는 아동을 미숙한 존재로 여기며, 어른의 소유물로 보는 경우가 대부분이었다. 많은 부모들은 자녀와 관련된 일은 (자녀 자신보다도) 부모인 자기가 더 잘 알고 있다고 생각하거나, 자신의 관점에서 좋은 일이 아이들에게도 좋은 것이라 생각하기도 했다. 극단적인 예로, 자녀를 살해한 뒤 부모 자신도 자살하는 경우를 우리는 아무 문제의식 없이 '동반자살'이라 표현하지 않았던가.

아동을 바라보는 패러다임의 전환은 아동을 권리를 가진 독립된 주체로 바라보는 것에서 시작해야 한다. 권리란 '어떤 일을 하거나 누릴 수 있는 힘이나 자격'을 뜻한다. 아동도 성인과 마찬가지로 모든 인간에게 부여된 기본적인 인권을 가지고 있다. 어른과 다른 점이 있다면 아동은 성장하는 존재이기 때문에 더 많이 배울 기회를 갖고, 더 안전하게 보호받을 권리를 가지고 있다는 점이다.

세이브더칠드런에서는 아동기관 종사자를 대상으로 아동권리교육과 아동학대 신고의무자 교육을 진행한다. 자신의 아동학대 행위를 점검하는 테스트를 해보면, 교육 이전보다 이후에 아동학대 행위를 한 적 있다는 답변이 많이 나올 때가 있다. 아동의 권리와 학대의 개념을 잘 모를 때는 양육과 훈육을 잘하고 있다고 표시했다가, 교육 후에는 아동권리에 대한 민감도가 높아져서 스스로 아동학대를 한 적이 있다고 인식하기 때문이다. 이 교육을 받은 교사들은 "급할 때 아이들에게 '야! 일루 와봐!' 할 때가 있잖아요. 이렇게 함부로 말하는 것도 아동학대에 속한다는 얘기를 듣고 조심해야겠다고 생각했어요." "친하다는 뜻으로 궁뎅이도 한번씩 팡팡 두들겨주고 싶은데 '어? 그래도 되나?' 싶었어요"라며 사소하게 생각했던 행동을 반성하기도 했다. 아동에게도 태어나면서부터 부여된 생존, 보호, 발달, 참여의 권리가 있다는 것을, 우리 모두는 그 권리를 지켜줄 책임이 있다는 것을 한시도 잊어서는 안 될 것이다.

현실의 어려움 속에서도 아이를 존중한다는 것

양육에서 부모들이 주의를 기울여야 할 때는, 모든 일이 순조롭지 않은 그 어떤 순간이다. 예를 들어 서둘러 출근을 해야 하는데 아이는 떼를 쓰고 도와줄 사람은 없는 난처한 상황에서도 아이를 존중하며 함께 문제를 해결할 수 있어야 한다. 대부분의 부모는 이런 상황에서 어떻게 하면 떼쓰는 아이를 멈추게 할까에 초점을 맞춘다. 그래서 급하게 어르고 달래다가, 그래도 통하지 않으면 엄포를 놓거나 아이의 의견을 무시한 채 아이를 들쳐업고 어린이집 차량에 태워서 보내는 식으로 어른 입장에서 판단하고 실행해버린다. 부모와 자녀의 감정이 동시에 폭발하면 부모가 체벌을 하는 일도 일어난다.

이런 갈등 상황에서는 아이의 '행동'보다 '행동의 원인'을 파악하는 것이 중요하다. 아이가 떼를 쓰는 데는 양육자와 헤어지기 싫어서, 지금 입고 있는 옷이 맘에 안 들어서, 유치원에 가기싫어서 등등 다양한 이유가 있을 수 있다. 평소에 아이의 발달단계와 기질을 잘 관찰하고 파악해두었다가 떼를 쓰는 이유에 대해 아이와 이야기를 나누는 것이 좋다. 말과 행동에 애정을 담아, 아이가 어떤 생각을 하고 어떤 감정을 느끼고 있는지 공감하며 안정감을 주어야 한다. 문제를 해결하기 위해서는 아이에게뚜렷한 가이드라인을 제공하며 그 이유를 명확하게 설명해주되아이가 스스로 학습할 수 있도록 기다려주어야 한다.

효과적인 훈육은 자녀와 다정하고 친밀한 관계를 유지하는 것에서 시작한다. 자녀와 신뢰, 존중, 소통을 쌓기 위해 애정을 표현하는 것은 '응석받이'로 키우는 것과는 분명히 다르다. 양육은 '통제하는' 것이 아니라 '가르치는' 것이며, 훈육은 '벌'을 주는 것이 아니다.

자녀를 존중으로 대할 수 있으려면 양육자의 스트레스 관리가 필수다. 같은 상황이어도 양육자의 스트레스 정도에 따라서 자녀를 대하는 태도가 달라진다. 평상시에 스트레스를 해소할 수 있는 방법을 찾고, 폭발 직전의 상황에서 끓어오르는 화를 잠재울 수 있는 방법을 준비해놓는 것도 필요하다. 심호흡을 한다든지, 손과 발을 털며 기분을 전환한다든지, 물을 마시거나 커피를 내린다든지, 좋아하는 명언 구절을 읽는다든지… 무작정 아이에게 화를 쏟아낸 뒤 풀죽은 아이를 보며 후회로 하루를 보내기보다 순간의 화를 잠재우는 방법을 찾아 실천해보는 것이 좋다. 어떤 날은 짜증을 내거나 분노 조절에 실패할 수도 있겠지만 그렇다고 자괴감을 갖거나 실망할 필요는 없다. 자녀의 권리를 존중하는 마음이 있고 서로에 대한 신뢰가 쌓여 있다면 관계는 회복될 수 있으니까 계속 노력해보자.

나 또한 두 아이의 엄마로서 아이들이 정의롭고 자기주도적이며, 이웃을 도울 줄 알고, 다른 사람의 의견을 수용할 줄 아는 사람으로 성장하기를 기대한다. 잘 자란 두 아이와 함께 그날 있었던 일을 이야기하며 산책하거나, 야식을 먹으며 고민을 나누고 격려하는 모습도 상상해본다. 그렇게 되기 위해서 문제 상황이 생겼을 때에도 지금 당장 아이의 행동을 수정하는 데 초점을 맞추기보다는 따뜻하게 공감하며, 아이가 문제를 정확히 인식할 수 있도록 친절하게 알려주려고 노력하면서 오늘의 나는 어떤 모습으로 아이의 본보기가 되어야 하는지 한 번 더 생각해보곤 한다.

　양육은 아이를 성장시키는 것만이 아니라, 부모가 함께 성장하는 과정인 듯하다. 부모와 자녀 모두에게 처음 떠나는 여행 같은 것이다. 힘들었지만 서로 이해하며 힘이 되어주었던 여행의 기억이 있을 것이다. 처음이니 길을 잃을 때도 있고, 피곤해서 짜증이 나거나 비가 와서 일정을 변경해야 할 때도 있었을 것이다. 때로는 사고가 나기도 한다. 이런 상황에서도 화내고 싸우기보다 서로를 격려하며 어떻게 할지 함께 의논하면서 난관을 헤쳐간다면 그 자체가 즐겁고 행복한 여행일 것이다.

(vol. 135, 2021. 5-6)

양육자가 제안하는
아동학대 예방책

아이를 낳고 그만두었던 일을 다시 시작했다. 제일 곤혹스러 운 순간은 네 살 아이를 어린이집에 보낼 때다. 아이는 아침마다 어린이집에 늦게 가고 싶어서 '밀당'을 한다. "이것만 좀 하고" "잠깐만"을 반복하며 엉덩이를 뭉갠다. "이제 어린이집 갈 시간이야" "엄마도 일해야 해" "더 늦으면 어린이집 산책시간이 지나서 바깥놀이 못해" 설명해도 마찬가지다. 계속 시계를 보며 속이 타들어간다. 조금만 더 놀겠다던 아이는 어느새 안방에 드러누워 "피곤해, 누워 있을래!"를 외친다. 나는 더 이상 참지 못

이슬기 _ 육아의 기쁨과 고통, 혼돈과 의문, 경이와 슬픔 속에서 글을 쓴다. 아침마다 "집에서 놀래!"를 외치는 네 살 아이와 최근 다시 시작한 일 사이에서 동동거리며 하루를 보내고 있다.

하고 소리를 지른다.

"네가 안 나가도 엄마는 나갈 거야!"

아동학대 예방교육 영상을 보고

어느 날, 아이가 다니는 어린이집 커뮤니티에 한 동영상이 올라왔다. 육아종합지원센터에서 만든 '부모용 아동학대 예방교육' 영상이었다. 이 동영상에서는 실생활에서 부모가 아동권리를 존중한 사례와 그렇지 않은 사례를 설명한다. 예를 들면, 아침에 깨워도 아이가 떼를 쓰며 일어나지 않을 때 아동권리를 존중한 사례는 다음과 같다.

"하은아, 벌써 아침이 되었네. 엄마랑 기지개 쭉쭉 하면서 일어나볼까? 하은이 일어나서 엄마랑 밥 먹고 무슨 놀이할까? 좋아하는 주방놀이 해볼까? 일어나기 힘들면 엄마가 안아줄게. 하은이가 일어나고 싶을 때 알려줘. 그런데 엄마 아빠가 회사를 가야 해서 하은이를 오래 기다려줄 수는 없을 것 같아."

반면 아동권리를 존중하지 않는 사례는 다음과 같다.

"지금 안 일어나면 엄마 아빠 다 출근할 테니 너 혼자 집에 있어야 한다!"

"네가 안 나가도 엄마는 나갈 거야!" 소리치던 아침이 떠올랐다. 이 동영상에 따르면, 나는 수시로 아이의 권리를 침해하는 부모다. 억울함 사이로 드는 의문이 있다. 부모가 24시간 말과 행동을 조심하고 친절함을 유지하는 게 가능할까. 이 동영상에서 부모는 일어나야 할 이유를 아이에게 구체적으로 명확하게 설명해줘야 하고, 어떠한 경우에도 위협이나 빈말(거짓 약속)을 하지 않아야 한다고 말한다. 영유아 또한 성인과 동등한 인격체이므로 표현의 권리를 존중하라는 것이다.

그러나 영유아기는 기본적인 생활습관을 습득하는 시기이며, 동시에 전두엽이 온전히 발달하지 않아 종합적인 사고 기능이나 충동 조절이 미숙한 시기다. 기본적인 생활습관을 길러주려는 부모의 욕구는 충동 조절이 미숙한 아이의 욕구와 자주 충돌한다. 아이에게 표현의 권리가 있다 해서 그 표현을 모두 수용해줄 수 있는 것은 아니며, 구체적이고 명확하게 설명해준다고 아이가 단번에 수긍하는 것도 아니다.

그래서 부모와 아이 사이에는 수시로 갈등, 협상, 타협이 반복된다. 그 과정에서 아이가 지나치게 떼를 쓰거나 짜증을 내고 무례하게 굴면, 부모도 기분이 상할 수밖에 없다. 부모와 아이는 한쪽이 일방적으로 영향을 미치는 관계가 아니라 감정을 서로 주고받는 관계이기 때문이다. 부모가 기분 상했다고 아이에게 되갚음할 수는 없지만 '어른이니 무조건 이해하고 참으라'며 부모의 기분을 단순히 무시할 수도 없다. 하루 24시간 혹은 반 이상을 아이와 붙어 있는 상황에서, 내내 화를 참거나 '친절하고 명랑한 연기'를 하는 것은 불가능하다.

『아이들은 어떻게 권력을 잡았나』의 저자 다비드 에버하르드는 말한다. "온갖 형태의 감정이 나타나지 않도록 의식적으로 연기한다고 해서 미묘한 느낌까지 똑같을 수는 없다"고.(149쪽) 게다가 하루 종일 말과 행동을 조심하다 보면 오히려 일관성을 잃을 가능성이 크다는 것이다. 그는 부모가 "최선을 다하는 한, 또 그것이 '충분히 좋은' 범주에 들어가는 한"(149쪽) 부모가 죄책감에서 벗어나는 것이 오히려 아이들에게 더 큰 마음의 안정을 준다고 말한다. 에버하르드는 부모가 24시간 친절함을 유지하는 것이 가능하지 않을 뿐더러, 일관된 양육에 방해가 될 수도 있음을 지적한다.

끝까지 친절해야 할 사람은 왜 '엄마'일까

아동학대 예방교육 동영상을 보면서 들었던 더 근본적인 의문은 이거다. 이 모든 상호작용의 부담을 왜 엄마 혼자 져야 하는가. '부모'를 위한 아동학대 예방교육 동영상이라면서, 아빠는 끝내 등장하지 않는다. 잘못된 사례도, 올바른 사례도 모두 엄마와의 관계에서 일어난다. 이 영상뿐 아니라 부모를 대상으로 제작된 수많은 콘텐츠가 '부모=엄마'를 전제하고 있다.

근대 이후의 아동중심 사상은 모성의 발명과 궤를 같이 한다.

아동기의 발견은, 곧 아동의 양육자로서 어머니의 역할을 강조하는 것과 이어진다. 근대 아동중심 사상의 근간이라는 루소의 『에밀』에서는 이렇게 말한다.

"모든 사람에게 그 첫째 의무를 완수하게 하려면, 먼저 어머니의 의무로부터 시작하도록 하라."

"최초의 교육이 가장 중요한 것이다. 그리고 그 최초의 교육은, 의심할 여지가 없이 여성의 일이다."

"어머니가 손수 자기의 아이를 키운다면 풍속은 저절로 개선되고, 자연성이 모든 사람의 마음 속에 소생할 것이다."[1]

루소는 모성에다 생물학적 차이, 자연성, 신의 섭리 등을 연결시켜 '절대불변의 보편타당한 개념'으로 만든다. 루소에 따르면 '아이를 기르기 위한 젖'을 여성에게 준 이상 최초의 교육은 여성의 몫이며, 아이를 기르는 여성의 자아실현이란 꿈꿀 수 없는 일이다.

그러나 최초의 교육이 가장 중요하다면, 그 교육의 책임을 엄마에게만 지우는 것은 이해하기 어렵다. 엄마에게 절대적 역할을 부여하는 이유가 단지 생물학적 차이라는 것도 설득력을 갖

---

1 이윤진, 「2015년 제4차 육아정책 심포지엄-육아정책과 아동중심 사상」 재인용.

기 어렵다. 최초의 이동 중심 사상이 아무리 엄마의 역할을 강조했다 해도, 이전과 다른 조건 속에 있는 현대의 육아는 아빠의 동참, 그리고 가족, 지역사회 네트워크, 제도 등의 도움 없이는 불가능하다. 동영상 속 하은 엄마 이야기로 돌아가보자. (끝내 동영상에 등장하지 않는) 하은 아빠의 참여, 회사의 배려, 가족의 도움 없이, 엄마 혼자서 아무리 출근 시간이 늦어져도 아이에게 끝까지 친절한 태도를 유지할 수 있을까.

최근 뉴스에는 양육자에 의한 아동학대 사건이 연일 오르내렸다. 여전히 눈에 띄지 않는 곳에서, 비슷한 사건들이 일어나고 있을지 모른다. 그러나 그보다 훨씬 많은 엄마들이 아이의 감정을 읽어주라는 육아 멘토의 말에 고개를 끄덕이다 참지 못하고 아이에게 화를 내고는 죄책감에 잠을 이루지 못한다. 그러면서도 아이와 잠깐 떨어져 심호흡을 하라거나, 비폭력 대화를 연습하라거나, 부모 안의 내면 아이를 돌아보라는 육아서에 밑줄을 긋고 실천하기 위해 애쓴다.

그러나 아동권리 차원에서 부모에게 요구하는 것이 늘어나고 부모 노릇에 대해 수많은 조언이 경합하는 것과 별개로, 육아를 둘러싼 사회적 환경이 나아졌을까를 생각해보자. 많은 대한민국 부모들은 여전히 고립된 환경에서 '각자도생'으로 아이를 키우고 있다. 자연스런 공동육아가 가능했던 골목 문화와 마을 공동체는 거의 남아 있지 않고, 양육자들의 퇴근 시간은 항상 늦다. 2020년 한국의 연간 근로시간은 1,908시간으로 OECD 국가 중 멕시코, 코스타리카에 이어 세계 3위다.[2] 코로나 시국이 길어 지며 옆집 엄마, 조리원 동기 등과 자연스럽게 사회적 네트워크 를 맺을 기회마저 사라지고 있다.

여성의 육아와 일의 양립은 여전히 어렵다. 2019년 통계에 따 르면 출생아 엄마의 36.4%는 육아휴직을 사용하지 못하고 있으 며, 아빠의 육아휴직 사용률은 1.8%에 불과하다. 육아기 단축근 로, 유연근무제, 시차 출퇴근제 등의 제도가 생기고 있지만, 많 은 기업에서는 '그림의 떡'이다. '일이냐, 육아냐' 양자택일로 내 몰리는 상황에서 여성은 좌절감을 느끼기 쉽다.

육아를 둘러싼 환경이 변화하길

네 살 아이와 함께 육아의 한복판에서 허우적대는 엄마로서 몇 가지 현실적인 아동학대 예방법을 제안해본다. 핵심은 양육 자가 '고립감과 좌절감 속에 있지 않도록 하는 것'이다. 아이를 가정보육하는 '전업맘'으로 보낸 3년, 가장 숨통이 트이던 순간 은 남편이 '칼퇴'해 집에 돌아왔을 때였다. 아이의 에너지와 소 통 욕구를 홀로 감당하지 않아도 될 때, 나는 고립감에서 벗어나

---

2 OECD 회원국 평균은 1,687시간이다.

아이와의 시간을 좀 더 즐길 수 있었다. 아이를 어린이집에 보내는 '워킹맘'인 지금은, 바쁜 등원시간을 친정엄마가 도와주실 때 숨통이 트인다. 그리고 아이와 씨름하느라 출근이 늦어지거나 갑작스레 아픈 아이를 데리고 병원에 가야 하는 경우에도 회사에 양해를 구할 수 있다는 믿음이 있을 때 좌절감을 덜 느낀다.

2017년 대선 당시, 대부분의 대선 후보가 '칼퇴근법'을 공약으로 내걸었다. 실제로는 '칼퇴근법'이 논의에서 사라진 대신 '주52시간 근무제'가 도입되었지만 이마저도 많은 기업에서 잘 적용되지 않고 있는 데다, 경제계의 불만이 커 여러 완화책이 논의되고 있다. 그러나 일하는 부모와 아이가 저녁시간을 함께 보내는 것은 아동인권 차원에서 무엇보다 필수적이다. 아이가 부모와 함께 보낼 수 있는 시간이 늘어나도록, 사회 전반의 노동시간을 줄여야 한다. 그에 더해 육아기 단축근로, 유연근무제, 시차 출퇴근제 등의 제도를 눈치 보지 않고 사용하는 문화가 확산되면 좋겠다.

지역별로 공동육아나눔터, 우리동네키움센터 같은 돌봄센터가 늘어나고 있지만 양육자 입장에서는 여전히 부족하다고 느낀다. 내가 사는 서울 강서구의 경우 12세 미만이 이용하는 공동육아 나눔터는 한 곳, 초등 방과후 돌봄을 담당하는 우리동네키움센터는 세 곳에 불과하다. 맞벌이 양육자가 어린 자녀를 센터에 보내기 위해서는, 일하는 시간 중간에 나와 하교한 자녀를 센터에 데려다줘야 하는 상황인 것이다. 돌봄의 공백을 메우고, 고립된 양육자들이 연결망을 만들 수 있도록 지역의 돌봄 인프라가 더욱 활성화되었으면 좋겠다.

근대 이전의 아동은 아직 성숙하지 못한, '덜된 사람'으로 여겨졌다. 아동은 보호를 받기보다 집안에 일손이나 경제력을 보태는 데 쓰였고, 많은 수가 성인이 되기 전에 죽기도 했다. 아동권리가 보편화되기 전의 일이다. 그때보다 아동권리의 개념과 당위는 확산되고 있지만 그와 별개로, 아동권리 존중의 책임을 개별 가정, 그것도 엄마에게만 지우고 있는 것은 아닐까. 양육자를 고립감과 좌절감 속에 밀어넣고 '아동권리를 존중해야 한다'고 훈수 두는 자세가 아니라, '아이들을 잘 키우기 위해 사회는 어떤 역할을 해야 할지' 함께 고민하면 좋겠다. '돌봄'을 사회의 중요한 공동가치로 인식하는 태도가 절실하다.

(vol. 138, 2021. 11-12)

아동학대,
자극적인 언론보도를 멈춰라

아동학대 사건을 보도하는 언론의 행태

생후 16개월 아이가 부모로부터 지속적으로 심한 학대를 당하다 숨진 사건이 있었다. 2021년 초 SBS 〈그것이 알고 싶다〉에서 이 사건을 집중적으로 다루었다. 사회적으로 공분이 일자 다른 언론도 앞다투어 경쟁하듯 '정인이 사건'을 보도하며 〈그것이 알고 싶다〉에서 내보낸 정인이의 얼굴과 실명('정인'은 입양 전 이름)을 그대로 활용했다. 정인이가 왜 끔찍한 학대를 당했는지,

---

김동일 _ 사회적 약자의 이야기에 귀를 기울이고자 사회부 기자로 일하다가, 지금은 아이들의 내일을 생각하는 교육기업에서 글 쓰는 일을 하고 있다.

왜 이런 사고를 막을 수 없었는지 근원적인 물음은 간과한 채 상처 가득한 아이의 얼굴 사진을 함부로 사용하고, 확인되지 않은 내용으로 이야기를 자극적으로 구성해 보도하는 행태도 자행됐다. 모진 학대로 세상을 떠난 아이는 '공익'을 앞세워 보도준칙을 무시하고 무분별하게 자극적으로 사건을 보도한 언론 때문에 하늘에서 다시 한번 상처를 받았을지도 모른다. 이른바 '정인이 사건'으로 촉발된 아동학대 보도의 행태는 언론의 민낯을 그대로 드러내고 말았다.

수면 위로 드러나기 어려운 아이들의 '고통'

수년 전까지 사회부 기자로 활동하며 아동학대 문제에 관심을 갖고 있던 나는 사건의 본질에 접근하기보다는 조회수 증가에 목적을 둔 자극적인 기사들을 접하며 눈살을 찌푸리지 않을 수 없었다. 아동보호는 물론 공익을 위해서라도 확인된 사실을 보도하는 것이 중요한데 이를 간과한 기사들이 많았다. 사실에 선정적인 이야기를 덧입혀 마치 추리 소설처럼 다루는 경우도 적지 않았다. 아동학대 사건이 독자들의 관심을 끌고 흥미를 유발하는 이야깃거리로 쓰이는 셈이다.

이는 사건의 본질을 흐리는 결정적 요인으로 작용한다. 결국 아동학대의 심각성에 대한 사회적 관심은 물론, 아동보호체계가 잘 작동하고 있는지에 대한 고민은 저만치 멀어지고 만다. '정인이 사건'을 보도한 기사 중에 양부의 직장을 비롯해 양부모의 종교를 다룬 내용이 있었는데, 이는 사건의 본질을 흐린 대표적 사례다. 보도에 '정인이'는 없고, 비난의 대상인 가해자에 대한 가십만 존재했다. 아동학대 문제에 대처하는 사회의 태도를 성찰하거나 현실적인 대책을 고민하려는 노력은 전혀 보이지 않았다. 이러한 보도 양상이 지속되는 이유는 아동학대 사건의 특수성에 대한 인식 부족, 잘못된 접근 방식 때문이다.

아동학대 사건은 다른 사건에 비해 언론에서 적극적으로 다루기 어려운 면이 분명 있다. 가해자가 대개 아동의 보호자(부모)인 경우가 많은 데다[1] 주로 집에서 학대가 이뤄지는 만큼 쉽게 은폐될 수밖에 없다. 이 문제를 해결하기 위해 경찰에서 도입한 것이 학대전담경찰관 제도APO, Anti-Abuse Police Officer다. 학대전담 경찰관은 학대 의심 신고가 들어오면 출동해서 학대 정황을 가려내고, 학대 위험에 놓인 아동을 지속적으로 모니터링한다. 그러나 취재 과정에서 만난 경찰관은 여전히 "아동학대 특성상 가해자 대부분이 부모라서 학대 사실이 외부에 알려지기 어렵다"고 말한다. 기사를 제대로 보도하려면 이러한 아동학대 사건

---

1   최근 보건복지부가 국회 보건복지위원회에 제출한 '2020 아동학대 연차 보고서'를 보면, 아동학대로 판정된 30,905건 가운데 학대 행위자가 부모인 경우는 25,380건(82.1%)으로 나타났다.

의 특수성을 먼저 이해해고 세심한 절차를 거쳐야 한다.

또한 아동학대 보도는 취재부터 기사가 게시되는 순간까지 아동을 중심에 두어야 한다. 모든 과정에서 아동의 인권을 침해하는 요소가 있는지 유념해 기사를 써야 한다는 얘기다. 2021년 1월 《머니투데이》가 보도한 '학대당한 아이를 만나러 갔다'[2] 기사는 언론이 아동학대 문제를 어떻게 접근해야 하는지 잘 보여주는 좋은 사례다. 해당 기사는 취재기자가 아동보호전문기관과 함께 피학대 아동을 만난 과정과 결과를 르포 형식으로 다뤘는데, 아동의 인권을 보호하기 위한 깊은 고민의 흔적이 기사 곳곳에서 느껴졌다.

피해 아동의 이름을 가명으로 표기한 것은 물론, 아이의 얼굴이 노출되지 않도록 한 부분도 인상 깊었다. 다른 피학대 아동들이 살고 있는 집의 대문 사진을 모자이크 처리한 것에서도 기자가 아이들을 보호하기 위해 적지 않은 고민을 했음을 알 수 있었다. 아울러 학대 여부를 판단하기 위한 회의에 직접 참여하는가하면, 아동학대 현장의 일선에 있는 아동보호전문기관 종사자들의 고충을 듣기도 했다. 아동학대 문제와 관련한 전반적인 시스템을 들여다보고, 우리가 왜 이 문제에 관심을 가져야 하는지 기사를 통해 당위성을 설명한 것이다. 사실 전달은 물론, 아동학

---

2 2021년 1월 16일자, 남형도 기자.

대 문제 보도의 방향까지 제시한 좋은 기사의 예라 할 수 있다.

아동학대 사건의 보도 과정

아동학대 사건의 취재는 어떻게 이뤄질까. 아동학대 사건은 민감한 사안인 데다, 피학대 아동의 신상이 공개되면 2차 피해로 이어질 우려가 높다. 때문에 수사기관인 경찰에서도 브리핑이나 보도자료 배포를 지양하는 편이다.

일반적으로 언론에서 아동학대 사건을 보도하는 경우 취재기자가 아동보호전문기관과 교육기관, 의료기관, 학대 목격자 등을 인지한 후 경찰 측에 사실관계를 확인하는 크로스 체킹 Cross Checking을 거쳐 발제하는 경우가 대부분이다. 한 언론사가 사건을 단독으로 보도하면 다른 언론사들이 이를 그대로 '받아쓰거나' 최초 보도를 바탕으로 추가 취재해서 보도하는 경우가 많다. 이 과정에서 확대 재생산 문제가 발생한다. 이러한 문제를 방지하기 위해 보건복지부와 아동관리보장원은 아래와 같이 '아동학대 사건보도 권고기준'을 제정한 바 있다.

＊ 아동의 인권을 최우선으로 고려해야 한다.

＊ 아동학대 사건 취재 시 언론의 취재 윤리를 지켜야 한다.

＊ 아동학대 사건 보도 시 언론의 보도 준칙을 지켜야 한다.

＊ 아동학대 사건의 특수성을 고려하여 신중하게 보도해야 한다.

＊ 아동학대 예방에 관한 정확한 정보를 제공해야 한다.

하지만 최근까지 보도된 아동학대 관련 기사를 보면 권고기준이 제대로 이행되지 않고 있다. 권고기준은 말 그대로 권고일 뿐 의무사항이 아니기 때문이다. 이 때문에 보도 권고기준이 엄격히 지켜질 수 있도록 언론의 자성과 제도적 장치가 필요하다는 지적이 끊이지 않고 있다.

국회입법조사처는 '아동학대 관련 언론보도의 문제점 및 개선 방안' 보고서에서 관련 보도의 가장 큰 문제로 '자극적인 표현'을 꼽았다. 실제로 자극적인 제목과 흥미 위주의 선정적인 문구뿐만 아니라, 지나치게 세부적인 학대 정황 묘사가 발견되는 경우도 꽤 있다. 피해자의 이름으로 사건을 지칭함으로써 '2차 가해'를 유발하고, 심지어 이름 자체에 대한 편견을 갖게 만들기도 한다. 그러나 아동학대 보도는 다른 어떤 보도보다 정제된 언어로 사실 중심의 정보를 전달할 필요가 있다.

국회입법조사처는 아동학대 사건의 피해 당사자뿐만 아니라 전반적인 아동과 청소년에 대한 민감성이 부족한 점도 지적했다. 피학대 아동과 주변인의 개인정보가 무분별하게 노출되고, 과도한 인터뷰를 시도해 사생활을 침해하고 있다는 것이다. 피해자뿐만 아니라 보도를 접하는 어린이와 청소년이 겪을 수 있는 심리적 충격도 고려되지 않고 있다고 덧붙였다. 가치관이 형성되는 시기의 아동 및 청소년을 위해서 언론은 늘 신중한 자세를 견지하며 보도해야 한다.

허위 정보의 무분별한 확산도 빼놓을 수 없는 문제로 거론된다. 기사가 게재된 뒤에는 사회관계망 서비스를 통해 기사 내용이 삽시간에 빠르게 확산되는데, 이 과정에서 사실관계가 과장되거나 가공되는 경우가 발생하기도 한다. 이처럼 게이트키핑 Gate Keeping**3**을 거치지 않은 정보를 접하면서 사실이 왜곡되고 진실은 가려지고 마는 것이다.

언론의 역할과 독자의 태도

아동학대 보도가 올바른 방향으로 나아가기 위해서는 언론사와 기자의 책임 소재를 더욱 명확히 하고, 전문성을 강화하는 것이 필요하다. 잘못된 보도에 대해서는 언론사와 기자가 응당 책임지는 자세를 지녀야 한다. 언론중재위원회 조정 및 중재 결과에 관계없이 언론사가 먼저 정정보도를 통해 잘못 나간 사실을 바로 잡고, 사과하는 자세가 필요하다. 아울러 잘못된 보도가 나간 경위를 상세히 밝히고, 재발 방지를 위해 내부 시스템을 점

---

3 뉴스를 생산하는 기자나 편집자가 사실 관계를 확인해 기사를 취사, 선택하는 것.

검하고 보완하는 것도 중요하다. 아동학대 보도의 문제를 개선하기 위해서는 시스템 구축과 함께 언론의 뼈아픈 자성과 성찰이 필요하다. 이러한 움직임은 언론의 신뢰를 회복하는 첫걸음이 될 것이다.

특정 분야의 전문성을 바탕으로 보도하는 전문기자 제도의 활성화도 시급하다. 의학을 비롯해 과학, 기상, 법조, 안보 등의 분야에서는 이미 전문기자들이 활동하고 있다. 그런데 아동이나 청소년 등 사회적 약자에 관한 기사를 다루는 전문기자는 전무하다. 아동학대 문제와 관련된 부처는 수사기관인 경찰뿐만 아니라 법무부, 보건복지부, 지방자치단체 등으로 혼재해 있다. 경찰 출입 기자가 아동학대 사건을 보도하지만 아동보호체계는 복지부와 지자체의 영역이고, 피학대 아동을 상담하고 치료하는 역할은 의료기관과 아동보호전문기관이 한다. 이 때문에 한 출입처에 매몰되어 있을 경우, 사안을 단편적으로 바라볼 수밖에 없는 문제가 있다. 전문기자가 아동학대 문제와 연관된 여러 기관을 넘나들며 아동보호체계와 사회감시망이 제대로 작동하고 있는지 들여다보고, 재발 방지를 위한 대안을 제시할 수 있어야 한다.

아울러 언론보도를 접하는 독자의 입장에서는 아동학대 보도가 '누구를 위한 보도인지' 생각해보는 것도 필요하다. 언론은 늘 공익적 면을 내세우며 보도한다고 말하지만, 사실은 그 목적성을 결여한 기사를 흔히 볼 수 있다. 기자들이 의문에서 시작해 연속적으로 묻는 과정을 거쳐 기사를 완성하는 것처럼, 아동학대 보도를 접하는 독자들도 이 기사가 아동을 중심에 두고 쓰였는지 끊임없이 의문을 가져야 한다.

아동의 인권을 존중하지 않는 기사라고 판단되면, 취재기자나 언론사에 적극적으로 의견을 전달하는 것도 필요하다. 기사에 기자의 이메일 주소가 명시되어 있는 건 제보를 받는 것뿐만 아니라 이 같은 독자의 의견을 듣기 위해서다. 언론사의 독자권익위원회·시청자위원회 등에 참여하는 것도 좋은 방법이다. 언론과 독자의 양방향 소통을 통해 '아동 중심'의 보도를 실현하고, 이에 관한 합의점을 찾자는 것이다.

뉴스를 소비하는 것만이 아니라 생산에 적극적으로 참여하는 주체적 태도가 아동학대 사건을 올바르게 보도하는 시작점이 될 것이다.

(vol. 137, 2021. 9-10)

부모와 아이가 함께 성장하는 비폭력 양육법

긍정적으로 아이 키우기

좋은 부모가 되고 싶지만,
아이의 발달에 따라 끊임없이 새로운 과제에
맞닥뜨리다 보면 부모 역할을 제대로 하고 있는지
의문이 들 때가 많습니다.
세이브더칠드런 코리아에서는 부모와 아이
모두가 행복한 성장 과정을 돕기 위해
'긍정적으로 아이 키우기'라는 9주차
부모 프로그램을 진행하고 있습니다.
이 책은 안내에 따라 독자 스스로
질문을 채워나가는 부모 프로그램
워크북입니다.

조안 듀렌트 씀
세이브더칠드런 코리아 옮김
민들레 | 13,000원

우리 아이 어떻게 키우고 싶으신가요?

세이브더칠드런 스웨덴과 캐나다 매니토바대학의
조안 듀랜트 교수가 유엔아동권리협약을 기반으로 개발한
'긍정적으로 아이 키우기' 양육법은
영유아기부터 청소년기에 이르기까지,
아동을 존중하면서 문제해결에 집중하는
비폭력적인 양육 방식을 제안합니다.

부모 프로그램
자세히 보기